AUX

ROYALISTES

Prix : 50 centimes.

AGEN

IMPRIMERIE DE J.-B. BARRIÈRE.

AUX ROYALISTES.

AUX ROYALISTES

PAR LE CITOYEN

GUSTAVE BARSALOU,

AVOCAT.

AGEN,

IMPRIMERIE DE J.-B. BARRIÈRE.

1851.

AUX ROYALISTES.

Qu'est-ce qu'un principe? C'est le commencement, l'origine, la source, la cause de ce qui se produit au milieu des globes qui roulent dans l'espace, au sein des sociétés humaines. Dans le monde physique, c'est une force, une puissance; dans le monde moral, un droit et un pouvoir.

Deux principes, deux droits, deux pouvoirs peuvent-ils agir simultanément? Non. Egaux, ils produiraient, en se neutralisant, l'impuissance, l'inertie, la mort. Inégaux, l'un asservirait l'autre. Et cependant nous entendons bourdonner sans cesse autour de nous que les sociétés civiles peuvent obéir à deux pouvoirs politiques : *Démocratie* et *Royauté.*

La Royauté est-elle un principe politique? Non. Les Rois ne président pas à l'origine, à l'établissement des sociétés. Le consente-

ment libre et réfléchi, l'instinct de conser-
vation, le sentiment bien entendu des intérêts groupent d'eux-mêmes les hommes, qui
nomment ensuite leur chef. Un citoyen ne
devient Roi qu'à la condition qu'un peuple
sera constitué.

Telle est la marche logique des faits sociaux. Les Rois ne peuvent exister sans peuples, tandis que les peuples doivent exister
sans Rois.

La Royauté, conséquence, effet, puissance dépendante, reste soumise à sa cause,
à la Démocratie de qui elle émane; et chaque Nation a, par suite, toujours possédé le
droit absolu de chasser ses Rois, de renverser le lendemain ce qu'elle avait érigé la
veille, de défaire à chaque instant ses propres œuvres.

Il n'existe donc qu'un principe unique,
souverain, légitime, éternel, qui enfante,
organise, fait vivre et développe les sociétés humaines : c'est *la Souveraineté populaire*. Hors du pouvoir de chacun et de tous,
il n'y a que fictions, mensonges, esclavage,
iniquités, erreurs et fourberies. Celui qui
prétend le contraire est un ignorant ou un
imposteur.

Comment les Monarchies ont-elles fondé
leur puissance? Pourquoi ont-elles exploité
la terre si longtemps? Ce sont là de bien
tristes secrets à ravir aux traditions historiques.

Les Rois ont d'abord renié, partout et toujours, leur origine démocratique, de telle sorte que la Royauté est devenue, à travers les siècles, une usurpation ; tranchons le mot : un vol audacieux, permanent, impie, des droits imprescriptibles des hommes et des sociétés.

Ils ont rendu leur puissance héréditaire en ravissant peu à peu aux peuples un droit antérieur et supérieur aux Monarchies, l'élection. Quelques historiens s'efforcent de prouver qu'en France les Dynasties royales ont reposé sur le choix de quelques grands vassaux consultés. Qu'importe ! si l'esclave des premiers siècles de la Gaule, le serf du moyen-âge ; si les travailleurs enfin de tous les temps n'ont été jamais consultés sur la forme, sur la légitimité des gouvernements qui les ont dévorés, n'ont été citoyens ! De nos jours encore, en pleine République, la *vile multitude*, reconnue bonne à subir les charges et les impôts, est indigne de prendre la moindre part aux affaires publiques, aux avantages sociaux.

Proclamer le dogme illégitime et mystique de l'hérédité du pouvoir royal, c'était substituer au suffrage universel, prenant pour chef et pour Roi le plus digne, le plus courageux, le plus moral, le plus capable, la loi absurde et caduque du hasard de la naissance, et avec elle le règne légitime et possible, le gouvernement à perpétuité des fous,

des enfants, des imbéciles, des tyrans, des
scélérats, des assassins et des monstres.

Les Rois ont rendu leur puissance inviolable, placé leur autorité au-dessus des institutions, ravi à leurs royales actions toute
responsabilité, par suite toute moralité;
laissé les peuples sans garanties contre ce
penchant fatal qui pousse chaque homme à
abuser du pouvoir qu'on lui donne. Se dé-
clarer inviolables! mais c'était se croire in-
faillibles comme Dieu lui-même. Quelle dé-
rision! Quelle folie! Et dire qu'il n'y a pas
eu peut-être un Roi qui puisse échapper au
blâme de la postérité? un seul qui n'ait violé
le pacte fondamental, gouverné plutôt dans
son propre intérêt que dans celui de ses sujets, abusé du pouvoir, exploité, garrotté
son peuple, assouvi ses caprices et ses passions sans pudeur ni retenue!

Il n'y a d'inviolable que la loi suprême
des majorités, que la Souveraineté des peuples.

Les Rois enfin, après avoir escamoté les
droits des hommes ici-bas, ont transporté
l'origine de leur puissance dans le Ciel; ils
n'ont plus régné par la volonté des citoyens,
mais par la grâce de Dieu; et s'étant em-
parés du titre de Souverain qui n'appartient
qu'au peuple, ils ont réglé seuls les rapports des hommes entre eux, dicté les conditions de la vie sociale. Où donc est la
preuve céleste que certains hommes sont

nés maîtres de la terre et de ses habitants ? Sont-ils doués d'une ame plus qu'humaine, pétris d'un autre limon, marqués au front d'un sceau divin ? Ont-ils reçu d'en haut, en ligne directe, un brevet de Roi signé et paraphé de la main de l'Eternel ? Etrange spectacle qu'offre encore au philosophe railleur l'invention du droit divin opérée de compte à demi entre la Royauté et la sacristie ! Il arrive chaque jour que des peuples insurgés abattent des Rois installés par Dieu lui-même qui, dans ce cas, n'aurait pu les maintenir !..... Les Papes, intermédiaires entre les cieux et la terre, supérieurs aux hommes et inférieurs à Dieu, ont distribué en son nom des couronnes royales, légitimes et bénies. Couronner des ogres au nom de notre Père suprême, de notre Maître, de notre Roi, au nom de Dieu !..... Quelle pitié !..... Patience ! les préjugés s'évanouissent comme des fantômes à mesure que les lumières de la raison éclairent les peuples. Patience ! car la question de la Monarchie sera un jour vidée sur toute la terre. En France, nation placée à l'avant-garde du progrès, la Royauté est mise à bas par la main du peuple, et la Divinité elle-même n'est plus considérée comme Royaliste.

Entrons dans les églises des plus humbles villages ; là chaque prêtre chante sur les marches de l'autel, en présence des fidèles assemblés : « Que Dieu sauve la République !... » Et voilà ce qui advient quand on fait descendre les religions au service des erreurs humaines ! on se rend, tôt ou tard, coupable de profanation.

Quatorze siècles de Monarchie n'ont pas été, pour les historiens judicieux, une succession de faits privée de toute raison d'être. Les Rois ont joué un rôle important, marqué, providentiel peut-être dans le développement de la loi du progrès que l'humanité est appelée à dérouler depuis le berceau jusques à la tombe. Voyez-les, aidant bourgeois, serfs et vilains, à détruire l'ennemi commun, ces barons, ces comtes, ces chevaliers, ces seigneurs qui ne voulaient reconnaître après Dieu d'autre autorité que leurs vaillantes épées. Juges souverains, escortés du bourreau, de la hache, du billot, des tenailles, des chevalets et autres instruments de torture, soldats habillés de fer et rouges de sang, toujours prêts à s'élancer au combat visière baissée et lance au poing ; Aristocrates superbes, enfermés dans d'immenses châteaux-forts, véritables nids d'oiseaux de proie bâtis sur des rochers à pic, ignorants, voleurs, grugeurs, répandus sur le sol de la France comme une nuée de sauterelles, foulant aux pieds ou dévorant les produits agricoles, ruinant et pillant les ateliers de l'industrie.

Pauvre France ! divisée en provinces, comtés, marquisats ou seigneuries, exploitée durant tout le moyen-âge sans grâce ni merci !

La féodalité a été néanmoins un grand progrès sur le monde barbare ; elle a rattaché au sol des populations nomades, peuplé les campagnes et préparé l'émancipation générale en associant les habitants par petits groupes séparés. Ajoutons que la noblesse qui, de nos jours, est toute Royaliste, fut autrefois l'ennemie constante et acharnée de la Royauté qui l'absorba toute entière pour disparaître, à son tour, dans la toute-puissance du Peuple.

La bourgeoisie, au contraire, émancipée par son sang, ses sacrifices d'argent et les édits royaux, s'est constamment réunie autour des trônes. Les Rois, tout en travaillant à leur propre autorité, aidaient le Peuple à briser le système féodal et servaient, sans le vouloir, la grande cause de la civilisation. N'ont-ils pas établi, à la place de l'anarchie, du galimatias matériel et moral, mis au monde par la société féodale, cette immense centralisation qui fait, dans le passé, la seule gloire des Monarchies ? L'unité des pouvoirs Royaux a préparé la nation française.

Quelques Royalistes, dernier vestige des seigneurs qui ont disparu, rêvent encore de briser la centralisation, de démembrer, de dépecer le pays pour que chaque amille riche et puissante s'emparant de quelque débris, par exemple, de chaque clocher, restaure ainsi le bon vieux temps féodal, un quasi moyen-âge. Belle idée, messieurs les Monarchistes ! Beau projet pour vous ! mais pour nous c'est autre chose. A l'œuvre donc ! marchez, enseignes déployées, vers cette nouvelle croisade, et vous verrez si le Peuple de France, enthousiaste du bel avenir que vous lui préparez, accourt dans vos rangs, adore la Royauté et crie, par dessus les toits : que les Légitimistes ont bien mérité de la civilisation et de la patrie !!! *Les Blancs seront toujours blancs.*

Ne l'oublions jamais : — L'histoire des révolutions populaires et la philosophie moderne ont jeté cette vérité en pâture à la raison de tous. — La Royauté n'a été, en définitive, entre les mains du Peuple, qu'un moyen d'abattre le grand parti de la noblesse, qu'un instrument et jamais un but. Une myriade de petits despotes occupés à étrangler la liberté, à souffler sur la raison humaine, étaient infiniment plus dangereux qu'un seul tyran, qu'un Roi. Le Peuple a donc employé les Monarques à son propre intérêt avec l'intention et l'espérance de les briser, comme de vains hochets, après s'en être servi.

La Monarchie victorieuse et autocratique arrive à son apogée sous Louis XIV. Ce prince entre, tout botté, au sein du Parlement, un fouet à la main, et il ose dire : *l'Etat c'est moi !* Depuis cette époque la Royauté décline, et descend vers la tombe comme représentant une forme de société à jamais perdue ; idée qui a fait son temps sur la terre, vêtement usé qui tombe en loques.

Nous disons aujourd'hui dans la France républicaine : l'autorité, le gouvernement, les pouvoirs législatif et exécutif, l'Etat enfin, *c'est nous !* Entre le règne de Louis XIV et la République de 1848, il existe une révolution radicale, un abîme large et béant que les Royalistes essaieraient envain de combler !!!

Demandons-nous, la main sur le cœur, tout en acceptant comme vraie l'histoire des Rois de France tant faussée par les chroniqueurs et par les moines, combien dans la longue kirielle des Monarques on peut en compter qui échappent aux flagellations de la morale et au mépris des gens de bien ? Il est loisible à chacun de faire passer devant soi le tableau fantasmagorique des ombres Royales. Que verrait-on dans les faits et gestes de la vie des princes ? Peu de vertus, mais vices, orgueil, ambition, impôts onéreux, folles dépenses, guerres, combats, injustices, spoliations, vols, adultères, crimes, assassinats, meurtres, empoisonnements et parricides ; des hommes enfin dont les passions et les instincts ne sont plus bridés par les lois humaines. Ce tableau serait capable, à notre avis, d'ébranler la foi la plus robuste de ceux qui courent encore, à reculons, après le régime monarchique.

Les erreurs, comme certaines maladies, se transmettent de génération en génération, triste héritage que le passé lègue sans cesse à l'avenir qui s'efforce de le répudier. Il est même des hommes dont les cerveaux passifs acceptent les préjugés des ancêtres comme un dépôt sacré, sans jamais permettre à leur intelligence de réagir contre eux. Ne nous étonnons plus, après cela, s'il existe encore en France tant de gens égarés après le Royalisme.

Au sein de notre République débonnaire, trois Prétendants intriguent, dit-on, pour escalader les marches du trône. Voici Monsieur le comte de Chambord; chut! écoutons..... « Français, reconnaissez votre « Souverain et maître. J'accours de l'exil « avec sceptre et couronne, habillé d'her- « mine et de pourpre de la tête aux pieds. « Républicains, humiliez votre fière raison « devant les insignes palpables de ma puis- « sance terrestre, et rendez-moi le trône « de mes pères. Je suis enduit, empreint « d'un caractère mystérieux, symbolique,

« indélébile et sacré ; sur ma tête brille
« l'auréole de mon droit légitime et divin :
« Je suis Roi ! »

Nous ne pouvons, Monsieur le comte,
vous croire sur parole, car il s'agit de choses très sérieuses entre nous. Montrez au
moins à la France un simple titre émanant
d'où vous voudrez, du ciel, de la terre,
voire même de l'enfer? une preuve quelconque de votre légitimité et de votre puissance, fût-elle écrite sur un vieux parche-
min dévoré par les vers? Non, dites-vous.
Votre prétendu droit Royal descend donc du
domaine vaporeux des abstractions, du pays
enchanté des idéalités et des chimères?

Vos ancêtres ont régné plusieurs siècles
sur la France. Que nous importe, si leur
séjour sur le trône ne fut, en réalité, qu'une
longue confiscation des droits de l'homme,
qu'un misérable larcin ! Comment un homme
de sens peut-il se croire, un instant, Roi
d'une nation vivant en République ! Penser
en plein xixe siècle qu'il soit permis à un
simple particulier de prescrire contre tout
un peuple, contre une vérité, contre le principe immortel de la souveraineté !

Enseignez-nous de grâce, Monsieur,
combien de temps il faut dans le code des
Rois, — car les codes de toutes les nations
vous condamnent, — pour que la prescrip-
tion soit acquise à un Monarque quelconque?
Napoléon et Louis-Philippe en occupant plu-

sieurs années le trône de France ont-ils prescrit, oui ou non? Non, dites-vous encore. Eh bien! que n'opposez-vous à leurs héritiers, à vos compétiteurs cette fin de non-recevoir devant la justice du pays?

Vous n'avez hélas! et en définitive, qu'un seul argument à invoquer : le temps, le silence de nos devanciers qui auraient subi la Monarchie sans trop se plaindre. Nous irons, nous, jusques à supposer que ce silence a été de leur part un acte volontaire; qu'il a même existé entre le Peuple et les Monarques d'autrefois un contrat possible, un engagement sérieux. Mais nos ancêtres étaient propriétaires de leur volonté et nous possédons aussi la nôtre; si c'est elle qui dans le passé a maintenu les Rois, c'est aussi par elle que vous êtes aujourd'hui dans l'exil. La République enfin a remplacé la Monarchie parce que nous sommes libres et maîtres de nous.

Contemplez, Monsieur, tant qu'il vous plaira et en espérant mieux, votre Royale personne, votre Majesté, dans un superbe miroir de Venise; regardez passer en vous, si cette illusion vous convient, un principe qui boite, un curieux Monarque sans peuple, sans cour et sans liste civile. La France qui comprend, de mieux en mieux, le régime Républicain, vous remercie très humblement de vouloir bien prendre la peine de la conduire. Permettez aux Français qui pourraient, sans vanité, se croire plus avancés en civilisation que nul autre peuple du globe, — sans qu'ils aient pour cela l'intention de vous fâcher en rien, sans mettre en doute même vos talents qu'ils ne connaissent pas, — permettez-leur de penser qu'ils sont assez intelligents, assez raisonnables, assez grands garçons pour se gouverner eux-mêmes. Ce serait, autrement, leur adresser la plus sanglante de toutes les injures, et un Prétendant se garderait bien d'en agir ainsi.

On dit, Monsieur, que du fond de votre exil vous parlez souvent de la France et sans cesse de vos droits à la couronne ; daignez recevoir de nous, en échange de vos bons souvenirs, un avis bien désintéressé : Gardez-vous de prendre trop au sérieux le rôle de Monarque que vous désirez, à ce qu'il paraît, jouer sur la surface du monde. Une idée par trop fixe pourrait fort bien devenir un danger réel, même pour un esprit aussi éminent que le vôtre, et ce serait un grand malheur.

Allons, Monsieur de Chambord, soyez bon enfant ! dites la chose entre nous ; vous n'avez, n'est-ce pas, aucune raison sérieuse qui vous porte à croire que, réellement vous êtes Roi de France, et que des hommes libres, des ....cains puissent être jamais métamo phos é pa vous, en sujets de votre per onne ? Avouez onc que vous n'êtes qu'un simple mortel, qu'une pauvre créature de Dieu comme nous tous, qui en prenons bravement notre parti. Et si la patrie vous est chère, demandez à la République, qui aura pitié de votre infortune, de rentrer en France avec le titre honorable de citoyen français. Mais au nom du ciel! ne répétez plus à tous venants et à tout propos que vous ne voulez, que vous ne pouvez rentrer qu'en Roi...... Car cette idée nous fait rire........

De par Dieu et de par les hommes, Chambord, vous n'êtes rien, absolument rien!

Monseigneur le comte de Paris crie de sa voix enfantine : « Je veux un trône, un sceptre et une couronne, moi; je veux la République, je veux régner, moi. » Et il présente ses pauvres petites mains comme pour saisir les rênes du gouvernement, comme pour guider et conduire la première nation du monde. Donnez-lui donc la France ou il va pleurer. Voici la leçon que sa *bonne* lui enseigne soir et matin. Cet enfant qui donne les plus grandes espérances la récite mot pour mot :

« Mon grand-père, Louis-Philippe, a été
« nommé Roi par la Nation à la place des
« Bourbons chassés par le Peuple; héritier
« de mon grand-père, c'est à moi et non à

« mon cousin Henri que le trône appar-
« tient. Je veux rentrer en Roi. » Il se
pose alors en héros de mélodrame, en enfant
terrible et fait une petite moue charmante.
— Approchez, Monseigneur le moutard, et
silence; nous allons discuter un instant avec
vous. Vous prétendez que Louis-Philippe a
été élevé par la toute-puissance populaire;
soit. Mais votre grand-père a été chassé de
France aux cris de : Vive la Réforme ! pour
avoir méconnu, précisément, cette souveraineté populaire que vous invoquez. Votre
cousin Henri vous traitant d'un autre côté
d'usurpateur, vous voilà obligé, de toutes
façons, de reconnaître aux Français le droit
d'anéantir les couronnes. Louis-Philippe
n'a-t-il pas remplacé Charles X ? Eh bien !
d'après vos propres raisons, le Peuple aurait
donc bien et dûment renvoyé la dynastie des
Orléans en 1848. A cela que répondre ? rien.
Qu'avez-vous alors à réclamer? rien. Allez,
allez, votre compte est fait.

Monsieur Louis-Napoléon Bonaparte pourrait dire à son tour : Je suis Prince, plus
que Roi en ma qualité d'héritier de Napo-
léon-le-Grand, Consul à vie par un appel au
Peuple et sacré Empereur. Six millions de
suffrages m'ont assis sur le siége de la présidence. Mon administration a donné le pou-

voir au grand parti de l'ordre dont j'ai su conserver les sympathies. N'aurais-je pas, au point de vue des illusions monarchiques, plus de titres à la couronne que les Bourbons ou les d'Orléans, et avec les prérogatives de ma position plus d'amis ?

Les Monarques de l'Europe et du monde ont battu des mains à la *glorieuse* expédition de Rome ; jamais on n'avait vu, à travers l'histoire, une République, environnée de Rois, étrangler de ses propres mains une autre République sa sœur. Les Dupin, les Berryer, les Molé, les Broglie sourient à mon aspect ; Montalembert m'envoie des coups d'encensoir ; Ledru gémit dans l'exil ; Raspail et Barbès pourrissent dans les cachots.

Une question. Louis-Napoléon a-t-il hérité du génie et de la gloire de son oncle ? Non. Président non rééligible, ses pouvoirs expirent le 10 mai prochain, voilà tout. Attribuer au chef de la France Républicaine le projet d'asservir sa patrie est une supposition ridicule. L'Empire est un rêve insensé, un fantôme propre à effrayer les enfants. L'auteur des témérités de Boulogne et de Strasbourg, des revues de Satory, autour duquel grouillent les faméliques de l'Elysée et s'agitent les grands citoyens de la société du Dix-Décembre, ne sera jamais un César !

. . . .

Chaque Prétendant répète, sur le même ton, qu'il a hérité de ses ancêtres; que le trône de France lui appartient en toute propriété; chacun réclame la même chose, au même titre, en vertu des mêmes moyens, à l'exclusion de tout autre. Quel tapage! quelle confusion! c'est à n'y rien comprendre.

Et d'abord, qu'est-ce que le trône de France?

Il est dans le magnifique château des Tuileries une salle aux lambris d'or et d'argent; si dans cette salle il existe encore ce qu'on appelait le trône, c'est-à-dire, quatre planches dressées en marchepied, recouvertes d'un tapis rouge, un fauteuil en velours cramoisi, surmonté d'un dais en draperies flottantes; si c'est là la chose en question, l'objet de tant de contestations et de convoitises, il devient dès-lors très facile de trancher toutes les difficultés, de mettre d'accord MM. les Prétendants. Trois robustes charpentiers mandés à l'intant même, au nom de la République et du Peuple Français, couperont le trône en trois parties égales : une part sera soigneusement emballée et mise au chemin de fer à l'adresse du fils de l'*auguste* duchesse de Berry; l'autre ira à Claremont consoler Monseigneur, et la troisième serait apportée à Monsieur Louis-Napoléon Bonaparte, si, contre toutes nos prévisions, ce Prince désirait saisir l'héritage du grand homme. Ce partage opéré, les Prétendants ou héritiers du trône de France, contents et satisfaits, auront à nous débarrasser de leurs importunités monarchiques, à nous laisser vivre en paix et selon notre bon plaisir.

La question n'est plaisante en aucune façon, et c'est armés d'un sérieux admirable que MM. les Prétendants réclament le trône, c'est-à-dire le droit de régner. Arrêtez, s'il vous plait ; que signifie ce mot : régner ? qu'entend-on par-là ? régner sur qui ? régner sur quoi ? sur nos personnes ou sur nos biens ?

L'homme est sorti libre des mains de Dieu, l'intelligence et la volonté humaine échappent à toute contrainte, chaque individu est propriétaire de son âme, maître de lui-même. Un homme semblable aux autres, égal à tous, peut-il, parce qu'il se dit Roi, s'emparer de choses qui échappent à toute espèce de possession, de propriété ? de nos pensées, de nos actions, de nos sympathies, et de nos libertés ? C'est absurde. Serions-nous, sans le savoir, sans le vouloir, sans le pressentir, sujets d'un d'Orléans ou d'un Bourbon ? Si les Monarques n'ont pas le droit de régner sur nous, nos vieillards, nos femmes et nos enfants, ont-ils au moins celui de gouverner nos biens ? Ce qui signifie en d'autres termes, la France appartient-elle en tout ou en partie, en propriété ou en usufruit, à l'un des Prétendants? Viendra-t-il pour régir nos champs, nos fermes, nos maisons, nos usines et nos ateliers, pour exploiter enfin tous nos intérêts? Qu'est-ce alors que le droit de propriété que nous défendons, si ce n'est le cachet de la personnalité que le travail humain imprime à un objet, à un immeuble, si ce n'est un pouvoir individuel et absolu que le possesseur a sur une chose, la faculté d'en user et d'en disposer d'après sa volonté ou son caprice?

Arrivez donc en toute hâte, Majesté Royale, pour exercer une expropriation forcée sur les capitalistes, les commerçants, les ouvriers et les paysans, et vous m'en direz des nouvelles! Mais gardez-vous de nos gardes nationaux et de leurs fusils; des paysans, de leursfourches, et de leurs chiens affamés qu'ils lanceront après vos talons!

Ah! les Rois ne sont rien par eux-mêmes ni par Dieu! Ah! ils n'ont d'autres droits que ceux qu'on leur donne! Adieu alors à la Royauté, bonsoir aux priviléges, aux monopoles, aux exploitations de toute nature; merci pour les chaînes et pour les cachots du despotisme. Allez, allez, on vous connaît de longue date, Messieurs les *Souverains*, le Peuple se méfie de vous; il vous déteste, il vous maudit et pour cause; il sait surtout que vous donner un seul droit sur lui, ce serait bientôt vous en accorder mille.

Si le trône est une fiction, si les Prétendants n'ont aucune puissance réelle sur nos
personnes ou sur nos biens, qu'on nous ex-
plique, de grâce, en quoi consiste le prétendu
droit de régner?

Et dire que de pareilles erreurs ont divisé
le pays en plusieurs camps, entravé la marche glorieuse du char de la République qui
fait halte dans les bornes réactionnaires !
Voyez les partis accrochés à ce char, suant
sang et eau pour traîner la France chacun
vers leur idole d'argile. Allons, Messieurs
de la réaction, courage! houp! houp! courage donc! Eh bien! avancez-vous en be-
sogne? Point du tout..... Ah! ah! c'est ri-
sible en vérité. Regardez donc ce que vous
faites et raisonnons :

Quel doit être l'effet mathématique des
forces et des partis attelés en sens contraire?
Les uns tirent vers Henri V, les autres
vers la Régence, ceux-ci vers la fusion,
ceux-là vers le prince Louis Bonaparte, le
résultat est infaillible. Les efforts opposés se
détruisent les uns par les autres, et la République ne bouge pas; elle n'a qu'à pré-
senter sa force d'inertie. Les Royalistes
s'usent en vaines fatigues tandis que l'idée
Républicaine étend chaque jour des racines
plus profondes dans le sol de la Démocratie.
Mourez donc, sectaires des Rois, au milieu de vos rêves et de vos regrets, affaiblis

par vos haines et vos divisions, étreints par
votre impuissance, suffoqués par votre rage.
L'avenir est aux idées nouvelles, car la
Démocratie a tué la Royauté, non pas avec
la hache du bourreau, mais par la puissance
de la raison. C'est bien par le bon sens public que le régime Monarchique erroné,
exploiteur, usé, tyrannique a été condamné
sans appel. Il a subi, à son tour, le sort
réservé aux erreurs humaines. La civilisation, soyez en sûrs, balaiera les uns après
les autres tous les Rois du globe.

En présence des Monarchistes désunis,
notre rôle est tracé d'avance. Contempler
les bras croisés sur la poitrine nos adversaires se dévorant entre eux, et comme
nous sommes le parti le plus fort et le plus
hardi, profiter des discordes pour nous emparer du pouvoir ? phrases et déclamations
que tout cela!!! Quand la République tom-
berait poignardée aux pieds de la majorité
parlementaire ou sous le couteau d'un César ; quand son cadavre roulerait sous les
marches d'un trône, ni les Orléanistes, ni
les Blancs, ni les partisans de Napoléon-le-
Grand, qui est bien mort, personne enfin
n'oserait mettre la main sur elle pour s'emparer de son héritage. Tout parti Royaliste
qui aurait cette témérité serait à l'instant

étranglé, même par les autres partis. Le jour où l'on croira que la République n'est plus, qu'il faut chercher un autre gouvernement, sera celui de sa résurrection. Elle lèvera sa tête plus radieuse que jamais, et au seul froncement de ses sourcils, ses ennemis tremblants de peur ne sauront où fuir, où se cacher. C'est une affaire de temps ou d'occasion.

Les Réactionnaires effrayés de leurs divisions cherchent à ne former que deux camps : Fusionnistes et Bonapartistes.

L'union intime de deux partis serait plutôt utile que nuisible aux Républicains habitués à lutter contre trois. Cette alliance, en effet, divise, affaiblit nos ennemis, jette un désordre épouvantable dans le camp DE L'ORDRE, qui au temps électoral ne marchera peut-être plus comme un seul homme contre la Démocratie.

Que peut produire la fusion entre les Bourbonniens, les Orléanistes ou les Bonapartistes ? En principe, rien. L'erreur qui pactise avec l'erreur n'enfantera jamais quelque chose de vrai, de légitime, de durable. L'union de deux partis Monarchiques irat-elle en fait grossir les bataillons antiques des Royalistes, armée presque sans soldats, ornée de quelques chevaliers errants de la Légitimité dont les bras débiles auraient de la peine à nous coucher en joue, à faire feu sur les Rouges ? En haut-lieu la fusion occupe quelques esprits ; mais les masses ne s'en inquiètent pas le moins du monde. Demandez à nos paysans, à nos ouvriers des nouvelles de cette grande affaire ; ils l'ignorent complètement.

Qu'est-ce que la fusion ?

Si la fusion n'est que la réconciliation de deux familles ennemies entre elles, divisées par les intérêts, par la fatalité des événements politiques, mon Dieu ! que ces deux familles s'embrassent ; nous adhérons de grand cœur à leurs épanchements sincères.

Le Peuple de France regardera même, d'un œil indifférent, l'héritier putatif de saint Louis presser sur son cœur les descendants de l'usurpateur Philippe ; oublier dans leurs bras les haines, les discordes, les injures, les crimes, le vol et l'usurpation, sans qu'il daigne examiner qui des d'Orléans ou des Bourbons a manqué de dignité, de noblesse et de courage. Qu'Henri, comme condition du contrat, comme prix de la réconciliation, promette, s'il meurt avec ou sans enfants, la couronne de France au comte de Paris ; qu'il l'adopte, que de son autorité privée rendant légitime l'héritier d'un « usurpateur », il change ainsi l'ordre des successions Royales : Qu'est-ce que cela nous fait ! Un arrangement opéré sans notre participation, contre notre volonté, en dehors de nous, ne nous regarde pas, ne nous lie en aucune façon, ne peut produire aucun effet, même indirect, sur un Peuple qui n'a plus foi dans le régime Monarchique.

Si par la fusion on entend que deux familles exilées ont le droit de transiger sur le Peuple Français qui les a jetées hors des frontières, sur nos libertés, sur nos familles, sur nos biens, comme sur des choses à elles appartenant, sur des choses tombant dans le commerce des Rois : Halte-là ! Messieurs les Monarques, *il est trop tard !* Dans les temps passés on a vu : Rois, Comtes et Barons vendre, échanger, transmettre par héritage nations, provinces et seigneuries avec hommes et biens, et jusques aux métairies titrées avec bêtes et gens. Nos pères étaient alors exploités à merci. O la séduisante époque ! Sujets, serfs et vilains on nous faisait battre pour un grain d'ambition, une bouffée d'orgueil, un caprice, une maîtresse, un propos hasardé, un coup d'éventail. Que les temps sont changés ! Chacun de nous affirme aujourd'hui, en vertu de son intelligence et de sa force, que la prétention de disposer d'un Peuple malgré lui, est folle, ridicule, illégale, mensongère et absurde au premier chef. Que voulez-vous de plus ?

Eh quoi ! quelques perruques monarchiques, quelques roués en diplomatie, momies que la mort dessèche peu à peu, fossiles du siècle dernier blanchis par la poussière des tombeaux, se réunissent une nuit, dans un salon carré, autour d'une table verte, éclairée par le feu de treize bougies; ils dressent là un acte d'arrangement, de vente ou de transaction, et il suffirait de quelques traits de plume pour que la France appartînt en propriété ou en usufruit à deux familles soi-disant Royales ? Allons donc ! La haute capacité et le savoir-faire des chefs de la fusion ont sans doute tout prévu, tout disposé, distribué tous les rôles pour jouer devant le pays la grande comédie Royaliste ?

Au comte de Chambord, *au Roi,* trente millions de liste civile, comme à feu Charles X de chère mémoire. Des millions au jeune comte de Paris pour sa layette, ses joujoux, ses *bonnes* et ses professeurs. Un gros million de rente à la Veuve du duc d'Orléans qui a mis au monde un *Dauphin*, espoir de la France. Un million à la Reine-mère, à l'auguste et pudibonde duchesse de Berry, un autre à Monsieur son mari de si complaisante mémoire. Joinville sera grand amiral, Nemours, d'Aumale, Montpensier maréchaux de France avec de bien gros traitements. Quel bonheur pour nous !

Nous aurons à entretenir à beaux deniers comptants, une cour avec courtisans, flatteurs, maîtres d'hôtel, cuisiniers, marmitons, connétables, chambellans, grands veneurs, officiers de bouche, secrétaires des commandements, gardes-du-corps, écuyers, muletiers, pages, maîtresses et varlets. Les fonctions civiles et militaires plus largement rétribuées appartiendraient de droit à tous les nobles et noblillons restaurés à neuf. Séduisante perspective en vérité, pour nous misérables roturiers, vils sujets qui aurions l'honneur de payer, à perpétuité, les énormes frais de ce fameux arrangement ! Beau moyen de trancher les difficultés socialistes ! superbe solution ! Mais regardez donc comme le peuple s'empresse d'accourir vers la fusion des Rois ! — Messieurs de la Royauté n'ont-ils pas l'air, que vous en semble ! du singe montrant la lanterne magique ? Il ne manque, en effet, au *contrat* qu'une chose, qu'un seul point, c'est de n'avoir pas appelé à la fabrication de l'acte *monarchien* la partie la plus intéressée, la plus indispensable, celle qui précisément fait l'objet de la transaction, le peuple français.

Jusques à quand nous, bourgeois, ouvriers, paysans, travailleurs, commerçants, serons-nous aux yeux des aristocrates une *vile multitude*, un troupeau immonde livré aux Rois, aux nobles, aux banquiers, aux grands propriétaires, aux riches industriels, pour être conduits, tondus, exploités et gardés en perpétuelle jouissance ? Permettez-nous de penser que le monopole, l'injustice, l'exploitation de l'homme par l'homme recevront une fin pacifique et prochaine. C'est notre espoir à nous qui croyons en Dieu, à sa justice, à sa bonté.

La fusion, envisagée sous toutes ses faces, est donc bien loin d'être un danger réel pour la République. Des vieilles haines de classe, des intérêts choqués s'opposent d'ailleurs à cette combinaison repoussée, en outre, par les hommes consciencieux et ambitieux des deux partis. Les Orléanistes, habiles, adroits, consommés dans l'art des affaires, disent à qui veut l'entendre :

« Ce n'est pas une fusion que nous of-
« frent les Légitimistes, c'est l'absorption
« pleine et entière de notre parti dans le leur.
« Chambord, mourant sans enfants, n'a
« pas le droit de légitimer le comte de Pa-
« ris ; et puis il est si facile à une princesse
« de mettre au monde des héritiers. (Con-
« sultez à ce sujet l'Histoire posthume du
« duc de Berry.)

« Travailler à la restauration des Bour-
« bons ! Mais cette Royauté est si compro-
« mise et la France veut à tout prix du
« nouveau. Autour de Henri V se groupe-
« raient ces nobles compromettants , in-
« corrigibles, qui sont pour le pays un lugu-
« bre épouvantail. Ils rappellent , hélas !
« aux souvenirs des villes et des campa-
« gnes le régime affreux des dîmes, des
« corvées, des taxes et des exactions de
« toute espèce. Essayez donc de la propa-

« gande légitimiste avec de pareils anté-
« cédents !...

« Que nous offrent, en définitive, ces
« pauvres Bourbonniens? un prétendu droit
« Royal aussi contesté que le nôtre ! des
« antipathies et des embarras ! Et puis, il
« est si facile de les jouer sous jambe, de
« les effrayer avec le Socialisme, en faisant
« miroiter à leur yeux toujours ces trois
« mêmes mots : *Religion*, *Famille*, *Pro-*
« *priété*. On leur ferait accroire demain,
« Dieu le leur pardonne, que les Rouges
« vont abolir la famille en poignardant père
« et mère, en égorgeant femmes et en-
« fants; détruire la propriété en avalant la
« terre de France, et détrôner Dieu.

« Et nous apporterions, nous, Conserva-
« teurs, en échange d'Henri V, nos capa-
« cités, notre savoir-faire et nos influences?
« En vérité, nous serions dupés et volés ! »

La fusion est, à notre avis, bien compro-
mise; elle est même impossible quant à
présent. La victoire inévitable et très prochaine du Socialisme pourra seule discipli-
ner les partis de la Réaction terrassés et
vaincus.

D'autres adversaires sortis de leurs propres rangs, font encore face aux Royalistes
divisés.

Dans le camp Bonapartiste on demande Révision légale de la Constitution,

Révision à la simple majorité, immédiate, prolongation des pouvoirs, et quelques fous enfin la couronne impériale sur la tête du prince Louis , affublé de la lourde épée de Charlemagne et de Napoléon.

La Révision légale n'aura pas lieu, les partis intéressés à lutter contre les prétentions Napoléonniennes refuseront encore au sein de l'Assemblée les trois quarts des votes exigés par la loi. Les Bonapartistes le savent, et cependant ils pétitionnent toujours, ils ont donc une arrière-pensée.

La Révision à la simple majorité est une violation flagrante de l'article 111 du pacte fondamental. Il existe, nous osons du moins l'espérer, assez de représentants, sages, sérieux, pères de famille, amis de l'ordre, craignant les lois, qui reculeront épouvantés en face des conséquences terribles qu'un vote pareil pourrait entraîner.

La Révision immédiate et la prolongation des pouvoirs, autre violation plus grave encore. Le même Président ne peut pas être réélu , il faut en prendre son parti. On a craint avec juste raison que le Chef du pouvoir exécutif n'usât de ses prérogatives dans ses intérêts propres plutôt que dans ceux de la République, qu'il nommât aux fonctions civiles et militaires des hommes disposés à perpétuer un citoyen à la Présidence et peut-être à hisser sur un trône un parjure, un traître, un criminel, et un tyran. Qui pourrait dire après cela, que cette disposition de loi n'est pas salutaire à la liberté?

Supposons ici le cas le plus favorable : Les trois quarts des membres de la Législative, réunis au nombre de 500 au moins , adoptent que la Révision aura lieu.

La Prorogation des pouvoirs présidentiels de M. Louis Bonaparte pourrait-elle dans ce cas être discutée par une Constituante ? Ce n'est pas bien sûr, voyez plutôt : L'Assemblée nommée pour trois ans ne peut être dissoute, ou se dissoudre elle-même avant l'entier accomplissement de son mandat ; or, sa mission ne sera finie que le 27 mai 1852. C'est à cette époque seulement qu'elle devra se retirer pour faire place à une Constituante, attendu qu'il est impossible d'admettre que deux assemblées, deux pouvoirs égaux ou inégaux puissent exister en même temps. Mais d'un autre côté le mandat du Président actuel expire le 10 mai 1852, c'est-à-dire 15 jours environ avant celui de la Législative ; c'est bien le 10 mai, aux termes de la Constitution, qu'un nouveau Président doit être réélu. Il serait donc nommé, en vertu de la Constitution ancienne et pour quatre ans, avant que la Constituante nouvelle ait pu s'occuper de la question de savoir si Monsieur Bonaparte est rééligible.

Reste l'Empire, n'en parlons plus.

Est-il rien d'illégal, rien d'impossible, avec le principe de la Souveraineté du peuple, objectent nos adversaires ? Voulons-nous proroger les pouvoirs d'un Président, établir un Roi ? le moyen en est facile, le voici : Faire un appel à la toute puissance de la Nation, demander en pétitionnant qu'une Assemblée souveraine efface de sa propre main quelques articles de la Constitution, si ce n'est la Constitution elle-même. Elle en aurait le pouvoir, et nous en avons le droit.

Osez-vous bien, raisonneurs sans foi, sophistiqueurs de bas-étage, logiciens instruits à l'école de Loyola, invoquer la Souveraineté du peuple, vous qui l'avez escamotée ? Représentants nommés en vertu du droit de tous, qu'avez-vous fait des droits du tiers au moins de vos électeurs ? Ignorez-vous par hasard, de quel nom on flétrit le mandataire infidèle qui s'empare des titres du mandant, les confisque à son profit, les brûle ou les déchire ? Rendez d'abord à la France le Suffrage Universel qu'elle attend dans le calme de sa force, et vous pourrez ensuite invoquer le principe de la Souveraineté populaire.

Le parti Bonapartiste qui se prend à lutter contre l'impossible n'a donc que deux issues : Tenter un coup d'Etat ou bien disparaître en 1852. Au nom du Ciel, Messieurs de la Réaction, pas de projets liberticides, car la pente des illégalités conduit aux abîmes. Royalistes, fusionnez avec votre seul souverain, le peuple. Bonapartistes, la solution est toute trouvée dans la République, dans la loi.

Violer ouvertement la Constitution, confisquer le Suffrage Universel, ou prétendre, chose absurde, le faire vivre en compagnie de la Royauté, installer un Roi quelconque, détruire enfin la République, c'est décréter à l'instant la guerre civile, tremper de sang le sol de la France, plonger la patrie dans le deuil de la mort.

Il est un parti avec lequel on doit surtout compter. C'est celui qui brise les trônes, le seul qui fait les révolutions. Prenez garde de lui donner le droit de descendre dans la rue la Constitution d'une main et le fusil de l'autre.

A l'aspect du moindre tyran couronné, ce parti se lèverait comme un seul homme, au sein des villes, des villages, des hameaux, au fond des campagnes les plus désolées, armé de fusils, de sabres, de pistolets, de bâtons, de pieux, de fourches et de faux montées à l'envers. Il proclamerait à grands cris que l'insurrection contre les Rois est le plus saint et le plus sacré des devoirs pour des hommes libres. Et la France entière comprendrait alors de quel côté se trouvent les hommes du mensonge, du désordre et de l'anarchie. Epargnez tant de malheurs à nous, à nos femmes, à nos pauvres enfants, à vos familles nos sœurs.

Conservez plutôt, quelque temps encore, une République faite à votre image , une République bardée de Royalistes et de jésuites, jusqu'à ce que le flot des idées nouvelles, des réformes socialistes, qui monte, monte sans cesse, vous chasse légalement du pouvoir. Guerre à mort aux convictions ardentes, vite un bâillon à la presse, en prison les socialistes ! à nous seuls les injures, le bagne et l'exil. Que le gouvernement de la Nation appartienne aux Réactionnaires depuis le ministre jusques au cantonnier ! Destitués , condamnés et proscrits, les Rouges éprouvent néanmoins au milieu des persécutions et des tortures un sentiment de joie bien vif et bien doux , c'est de pouvoir condamner à leur tour, par l'influence de leur nombre, de leur courage, la puissance de leurs principes, la suprématie du droit et de la raison sur l'injustice et sur la force, les Royalistes de toutes couleurs, aux travaux forcés de la République.

Qu'on nous montre, s'il vous plait, dans le pays électoral les partisans réels et dévoués, s'il en existe, de Monsieur Bonaparte, président à vie ou empereur? Est-ce les Royalistes, renards pris dans leur propre piége, qui dans un jour d'astuce et de peur ont voté pour Napoléon, pour un prince, en haine, disaient-ils, de la République, et qui se trouveraient , — si telle était l'intention du Président et tout comme nous, — un prétendant de plus sur les bras, ce qui ne les empêche pas, au reste, de courir, bride abattue et de plus belle après leurs chimères royales ! Les Socialistes ont repoussé le Président , et beaucoup de Républicains qui défendent aujourd'hui la Constitution l'ont nommé. Nos paysans, par exemple, ont voté en masse et d'eux-mêmes, entrant pour la première fois dans la carrière politique. Leur imagination avait été séduite sans doute par l'éclat d'un grand nom, la personne de Louis Bonaparte étant presque inconnue à la France. Cet éclat a-t-il été soutenu ? Nous sommes loin d'en attribuer la faute à M. Napoléon. Mais enfin, regardez l'Europe d'abord et puis la République française. L'Italie, l'Allemagne, la Pologne, la Hongrie, secouent avec rage les chaînes des tyrans du Nord , coalisés contre l'esprit de la France et la liberté du monde, tandis que sous l'Empire, le génie de l'Empereur victorieux sur tous les champs de bataille, planait sur les Rois agenouillés et tremblants de peur.

Avons-nous, oui ou non, en France, le droit absolu de voter, d'écrire, de parler, de nous réunir, de nous associer ?... L'Education, ce flambeau radieux de la civilisation, n'est-il pas confié à l'éteignoir des jésuites ? Sous la République , les Républicains seuls sont écartés du pouvoir. Quelle contradiction et quelle honte ! La dette nationale n'a cessé de s'accroître avec le chiffre de nos charges publiques, et depuis 1815 nous avons la paix ! Dépenser chaque année plus que les revenus, n'avoir jamais équilibré les recettes avec les dépenses, dévorer même l'amortissement en escomptant l'avenir, n'est-ce pas marcher en insensés vers la banqueroute !... Elle est là béante sous nos pieds... Tel est l'héritage que la réaction impuissante va léguer en mourant au socialisme !.... Toujours les errements du passé et jamais des réformes.

Que fait-on grand Dieu de nos libertés et de notre argent ! ! !

Cinq cent mille soldats arrachés aux travaux utiles de l'agriculture et de l'industrie, condamnés à l'oisiveté des casernes, à l'improduction, consomment plus du quart de nos charges publiques, plus que l'impôt produit par nos terres. Que leur a-t-on commandé depuis 1848 ? la campagne de Rome, la guerre néfaste des rues, la chasse aux Bédouins, les mémorables revues de Satory. Il viendra un temps où la justice des peuples gardera seule les sociétés humaines. Le soldat deviendra une anomalie, le jour où les Nations de l'Europe vivront en République. La France a inscrit sur son drapeau la fraternité des citoyens, elle proclamera bientôt la fraternité de tous les peuples.

Nous voudrions assister aux conciliabules Bonapartistes, pénétrer au sein de l'Assemblée législative, en pleine Société du Dix-Décembre, si elle existe encore, connaître par leurs noms et prénoms les représentants, les journalistes, les insensés qui voudraient, dit-on, pousser le Président, malgré lui sans doute, à la Prorogation des pouvoirs et peut-être à un coup d'Etat; les étudier dans leur passé , dans leur conscience , dans leurs folles ambitions; désigner du regard et du geste, à la République indignée, ces coupables , ces traîtres qui divisent les citoyens, poussent à la guerre civile, en se plaçant eux-mêmes hors la loi. Hélas ! ce sont les mêmes hommes qui apparaissent sous tous les régimes. Chaque révolution les lance en l'air, et ils possèdent l'heureux talent de tomber toujours sur les pieds.

Requins politiques, ils suivent le vaisseau de l'Etat et s'accrochent à lui pour vivre aux dépends des contribuables. Ames de boue, les ministères les façonnent à leur image ; consciences vénales, ils appartiennent au plus offrant et dernier enchérisseur; petites étoiles, ils décrivent leurs petites évolutions autour de chaque pouvoir qui se lève; soldats du centre endurcis et disciplinés, ils votent, hurlent, écrivent, ou se battent sur le signal d'un chef de file ; ventres complaisants et truffés , on les trouve toujours disposés à s'asseoir aux larges tables des gouvernements. Ils ont des oreilles et ils n'entendent pas la misère et le prolétariat qui crient par la voix de la Démocratie. Sourds à la vérité ; ils ne connaissent que leur ambition personnelle et rarement les amis de peur d'user leur crédit.

Les Royalistes affichent des principes erronés et pernicieux, mais ils possèdent un point de départ, et ils tendent vers un but avoué, à la Monarchie par des chemins opposés ; tandis qu'autour du Président, un parti nouveau, improvisé, né d'hier, celui qui dit-on rêve les coups d'Etat auxquels personne ne croit, celui qui voudrait compromettre et perdre Monsieur Bonaparte, qui se gardera de les écouter, est composé en majeure partie d'anciens Orléanistes, de quelques Légitimistes, de Montalembert et de sa clique, gens sceptiques, voltairiens, aventuriers, immoraux, gens sans foi, sans loi, sans convictions.

On les a vus, girouettes de l'Assemblée, s'étudier, le nez en l'air, à tourner à tout propos et à tous vents ; perroquets politiques, proclamer que le gouvernement provisoire avait bien mérité de la patrie et quelques jours après le traîner dans la boue. Jurer fidélité à la République ou la trahir. Entrer successivement dans la politique de Ledru-Rollin, Cavaignac, Napoléon, Dufaure, Barroche, Barrot, Faucher, Montalembert et Falloux.

Mais que sont-ils donc ces hommes? des caméléons, frères-quêteurs de pouvoir, adorateurs du veau d'or; hier Républicains, honnêtes et modérés, aujourd'hui Bonapartistes, Papistes et Légitimistes le cas échéant, Socialistes écarlates bientôt. Ils n'ont au cœur que cette lâche ambition qui transforme le citoyen en valet, en sujet; l'homme libre en esclave. Règle générale : L'ambitieux politique qui spécule sur sa personnalité n'a pas d'opinion, il est à vendre. Qu'on fouille leurs poches, et l'on y trouvera les drapeaux de tous les partis, les portraits de tous les prétendants, les chartes Royales et les Constitutions républicaines, les bulles du Pape, un petit buste de l'Empereur et même un chapelet de jésuite.

Si la peste, la grippe, le typhus, le choléra, le diable en personne montés sur un trône ou sur des tréteaux avaient le séduisant privilége de distribuer pouvoir, emplois, traitements, sinécures et croix d'honneur, on verrait, Dieu le leur pardonne, les caméléons Bonapartistes encenser les puissances de douleur, de destruction et de mort, fléchir devant elles un genou respectueux, les supplier de la parole et du regard, les adorer.

Il fait froid autour des hommes sans cœur et sans entrailles qui n'admettent ni bien, ni mal, ni vertu, ni charité, ni opinion, ni conscience ; détournons vite les yeux de ces êtres rampants qui laissent après eux comme les traces d'un venin verdâtre ; ah ! qu'ils sont hideux pour le jeune socialiste souriant à la vie, à la République, la tête ardente et le cœur chaud. Hommes de foi et d'avenir, repoussons du pied ceux que l'égoïsme et le doute ont condamnés à l'impuissance de la mort ; leurs chairs sont froides et flétries, ce sont des cadavres. A de pareilles gens tout le fiel de notre cœur par gorgées épaisses et gluantes, et puis que Dieu garde la République de tomber jamais entre leurs mains !

Voilà une esquisse très imparfaite des partis hostiles à la Démocratie, de leurs opinions multiples, de leurs couleurs diverses, de leurs tendances opposées. Nous connaissons les titres que chacun d'eux apporte au bonheur futur du peuple, à la liberté du monde. Peut-on croire maintenant que la République, éprise d'un amour bizarre et capricieux, ira se jeter entre les bras de ses adversaires, se livrer pour longtemps encore aux baisers judaïques des traîtres qui ont voulu l'étreindre pour l'étouffer ? Ce serait stupide de le croire. La sainte cause du progrès, l'avenir de nos institutions, le génie immortel de la France, défendent, au contraire, à la République de réchauffer sur son sein, un aussi grand nombre d'ennemis politiques, couleuvres immondes qui le salissent de leur écume et le menacent de leur poison.

Qu'en un beau jour de rêve, enfin, tous les prétendants fusionnent entre eux ; après? Henri V sera-t-il roi? Non. Le comte de Paris héritier du trône? Non. Napoléon commandant des gardes nationales de France, décoré de tous les ordres, possesseur d'un château Royal? Pas le moins du monde.

La République serait-elle au moins menacée? Encore non.

Au moment des batailles électorales la lutte s'est toujours engagée entre toutes les nuances Réactionnaires d'un côté et les Républicains de l'autre. Or, chaque parti pris isolément possède un centre particulier d'influences, chaque prétendant agit diversement sur les intérêts, les affections, les souvenirs des citoyens. Avec la fusion les partis, absorbés par un seul perdront, à l'instant même, mille moyens d'action, et par suite une quantité immense d'électeurs. En voulez-vous la preuve? Parcourez les campagnes, entrez dans les ateliers, priez les paysans et les ouvriers de subir Henri V; parlez un peu à vos amis et connaissances, agriculteurs ou industriels, de la légimité, de la noblesse, que quatorze siècles d'exploitation et de servitude nous ont appris à abhorrer, et vous verrez alors, Fusionnistes, qui de vous ou de nous perdra ou gagnera des partisans.

Les philosophes et les poètes répètent depuis longues années, et tout nous porte à le croire, qu'en Europe les Rois s'en vont. Eh! bien, en France, ils sont déjà partis; partout la Royauté cède du terrain à la Démocratie qui s'avance.

Quel prestige, quelle séduction, voulez-vous qu'exerce maintenant sur la raison d'un peuple civilisé un prétendu principe Royal en chair et en os, remplissant, comme le premier venu, ses fonctions organiques et animales, tantôt simple et naïf comme un enfant, tantôt bouillant et emporté comme un jeune homme ou bien encore froid et caduc comme un vieillard. Un principe qui se lève chaque matin triste ou gai, qui marche ou s'arrête, qui tombe ou se redresse, qui boit et qui mange, qui parle, ou se tait, s'enrhume, tombe malade et agonise sur un lit de douleurs; un principe matérialisé qui soumettrait bon gré malgré, tôt ou tard, le peuple le plus indépendant, le plus aimable, le plus éclairé de la terre, aux faiblesses, aux caprices, aux passions, aux crimes, aux erreurs d'un seul homme, à toutes les misères qui tourmentent et désolent notre pauvre humanité!

Recherchons maintenant quelle est au sein de la République l'importance et la force des partis qui rêvent encore le retour de la Monarchie ? Les Royalistes aveuglés s'imaginent peut-être posséder un nombre d'électeurs correspondant au chiffre des représentants de leur couleur qui siégent à l'Assemblée législative ? Erreur grossière. Les candidats partisans des Bourbons ou des Orléans, de la Prorogation ou de l'Empire se sont-ils présentés franchement au pays électoral tenant en main les drapeaux de leurs opinions et de leurs principes ? En est-il un seul parmi eux qui ait eu le courage de proclamer devant la France Républicaine ce qu'il pensait au fond du cœur ? Tous, sans exception, sont arrivés en face du peuple déguisés, masqués en Démocrates honnêtes et modérés. Quelques départements abusés par des gens d'honneur ont cru fermement qu'en nommant ces hommes représentants du peuple, ils envoyaient à l'Assemblée des Républicains et non des Royalistes.

Obtiendrons-nous une réponse à ceci, Messieurs de la réaction ? Ou la France est avec vous, ou elle est contre vous ; si elle veut encore de votre politique usée, rétrograde, oppressive, pourquoi briser alors le Suffrage Universel, inscrit dans la Constitution en maintenant la loi du 31 mai qui le restreint ? Pourquoi gouverner par quelques-uns si vous pouvez gouverner par tous ? Vous êtes donc convaincus que la France est contre vous, eh bien !

nous voilà autorisés à dire que votre situation, au sein du pays, est anormale, et que votre fin n'est pas loin.

Le jour où vous avez attaqué nos libertés conquises au prix du sang, le suffrage, la presse, les réunions, les associations, vous êtes sorti du régime du droit ; ce jour là vous avez étalé votre impuissance, avancé l'heure de votre perte. Vous aurez beau ruser avec l'avenir, il vous tuera, et l'esprit de la Révolution jeune et vigoureux que vous avez eu la prétention d'étouffer entre vos mains décrépites étranglera vos idées et vos préjugés. La France entend se régir elle-même. Renoncez donc à vouloir diriger la République sans le concours de tous ; ou vous serez bientôt repoussés par tous. Place aux idées qui marchent, aux réformes qui surgissent, aux hommes qui auront pour piédestal le Suffrage Universel ! Voilà la solution logique, la seule qui puisse désarmer les partis. L'horizon de 1852 est noir, sillonné d'éclairs et gros de tempêtes. Conjurez les orages et les guerres civiles. Respectez la légalité, car vos pieds pourraient glisser dans le sang. Arrière la force et place au droit !

Abandonnons à leurs illusions les prétendants unis ou séparés pour diriger nos regards sur de plus sérieuses questions, conséquences des principes Démocratiques que nous avons déjà posés.

La Souveraineté populaire peut-elle organiser diversement les nations du Globe? Non. Une forme unique de gouvernement s'harmonise avec le principe fondamental des sociétés humaines, c'est le gouvernement direct, absolu, indivisible, inaliénable de tous et pour tous, c'est la République, en un mot, et rien que la République.

L'homme arrive à la vie marqué par Dieu d'un double cachet d'intelligence et d'activité. Toutes les conditions de son développement physique et moral sont renfermées dans les énergies de son être, il trouve en lui-même la faculté de penser, la puissance d'agir. Il est donc appelé à régler seul les rapports politiques qui doivent le lier à ses semblables. L'homme est libre, l'homme est Souverain.

Qu'est-ce qu'un peuple? une réunion, une association d'êtres semblables entre eux. Chaque individu, élément constitutif, représente le type absolu, l'exemplaire de chaque société. Une Nation est, par conséquent, intelligente, libre, maîtresse de ses pensées et de ses actions, Souveraine en un mot. Ce qui est vrai pour tout homme, est vrai aussi pour chaque Nation.

Sur quoi repose le pouvoir absolu, légitime, actif d'un homme ou d'un peuple? Il est basé sur un élément qui ne peut devenir l'objet d'aucune espèce de propriété, d'aucune division ou aliénation même temporaire, sur la volonté humaine, source unique des pensées et des actions de tous ; or, l'essence de la volonté est de rester sans cesse mobile et libre, une puissance quelconque, un obstacle, une entrave, une chaîne, une tyrannie, ne peuvent en aucune façon, contrarier ses désirs, atteindre ses vouloirs, gêner ses caprices, scinder sa toute-puissance. La pensée qui commande à l'action, qui exécute, sont deux attributs essentiels à notre être, inhérents à notre organisation, pétris avec notre chair, donnés aux hommes et par suite aux Nations.

Qui donc pourrait nous les ravir !

Nous connaissons les caractères essentiels du principe créateur des sociétés, de la Souveraineté populaire. Unité, inaliénabilité, indivisibilité. Tout gouvernement établi hors de ce principe et de ses conséquences attaque l'homme dans sa nature, les sociétés civiles dans leur essence, et reste à tout jamais, frappé d'illégalité, de mensonge et de despotisme. Ce serait un droit et toujours un devoir de s'insurger contre lui. La Souveraineté, être unique, abstrait, moral, éternel qui représente le consentement de tous les citoyens, l'accord des volontés, l'harmonie des intérêts, la majorité des suffrages, constitue seule l'autorité, la loi, le pouvoir. Avec son mécanisme gouvernemental, simple et régulier, les révolutions disparaissent , la minorité étant contrainte d'obéir en vertu du droit et de la force que le plus grand nombre aurait sur elle, étant obligée de se soumettre ou bien de se séparer du peuple entier.

La Souveraineté populaire peut-elle engendrer un pouvoir quelconque indépendant de son autorité, et rester en même temps, maîtresse d'elle-même, Souveraine ? Peut-elle, en d'autres termes , être et ne pas être, s'aliéner et s'appartenir, se diviser et conserver sa toute-puissance ? Non.

Eh bien ! comprend-on, maintenant qu'il est impossible à une Nation vivant dans un état normal, sous l'empire de la raison et de la vérité, à une Nation jouissant de ses droits politiques d'exister autrement qu'en République ; d'établir enfin une Monarchie quelconque, autocratique, constitutionnelle ou réduite au pouvoir exécutif seulement ?

Qu'est-ce que la Royauté ? c'est l'autorité constituée en dehors de tous ; c'est le pouvoir législatif plus ou moins mitigé par les Constitutions et les Chartes, ou le pouvoir exécutif seulement , déposés dans l'un ou l'autre cas sur la tête d'un seul homme, établis dans sa famille de descendants en descendants jusques à la complète extinction de cette famille.

Un peuple peut-il aliéner ainsi tout ou partie de ses droits pour un temps indéterminé, en faveur d'une famille Royale, et rester en même temps Souverain ? La Royauté est-elle compatible avec le Suffrage Universel, avec la Souveraineté nationale ? C'est toujours la question ; nous y ferons toujours la même réponse. Non. Quelques Monarchiens disent : un peuple est absolu, son omnipotence est sans bornes, s'il a le pouvoir de déléguer à un Président, à une Assemblée, son autorité pour trois et quatre ans, rien ne l'empêche de la transmettre pour des termes plus reculés et même indéfinis. Et si la majorité toujours suivie du droit et de la force consent à vivre sous le joug d'un Roi, qui donc pourrait l'en empêcher ?

La Souveraineté, être moral, source unique d'autorité sur la terre, peut-elle s'engager avec elle-même ? Non. En droit personne ne peut prendre un engagement sérieux avec soi. Peut-elle s'engager envers autrui ? Encore non, car dans ce cas elle deviendrait aliénable, ce qui est impossible. Indépendante comme la volonté humaine qui lui donne la vie, la Souveraineté s'appartient à tout jamais et ne doit être liée par rien. Elle ne peut rencontrer ici-bas une autorité autre que la sienne, se démettre, même par voie de délégation, de la puissance qu'elle a de renverser dans un an, dans un jour, dans une heure, ce qu'elle aurait établi, se ravir à elle-même le droit de ne plus vouloir ce qu'elle aurait voulu. Elle est en un mot semblable à tous les citoyens en général, et à chacun de nous en particulier.

Que tout homme de sens et de réflexion nous réponde. Est-il permis de concevoir la théorie suprême des majorités populaires avec d'autres conséquences , d'autres attributs, d'autres lois? Comment asseoir maintenant la Royauté puissance héréditaire, permanente , destinée à durer des siècles non à côté mais au-dessous du principe inaliénable, changeant, capricieux et éternel de la Souveraineté! La presse blanche tombe donc dans une profonde erreur quand elle prétend qu'il est légalement possible à un peuple d'établir la Monarchie. Admettre le suffrage Universel en compagnie d'un Roi , c'est associer une erreur avec une vérité , élever une conséquence à la hauteur d'un principe, lancer pour un même voyage, ensemble, le pot de terre et le pot de fer , attacher la chèvre à côté du chou, confier une jeune souris , une tendre fauvette à un vieux chat ; c'est enfin rêver une chose nulle en fait, et en droit impossible. La Démocratie est l'antipode de la Royauté, l'une exclut l'autre, jamais on nous fera comprendre qu'un peuple aliène ses droits, délègue ses pouvoirs, choisisse ses maîtres et reste en même temps possesseur absolu de sa puissance, propriétaire de sa liberté, maître de lui-même, en un mot Souverain. Non, jamais.

Admettons un instant que la Souveraineté

nationale puisse subsister en perdant ses caractères essentiels, transformer un citoyen quelconque en une puissance presque égale à la sienne, abandonner dans un moment de vertige ses droits et ses garanties pour contracter avec un Roi.

Ce Roi, pouvoir créé, pourrait-il se soustraire à l'autorité qui l'aurait établi ? Serait-il autre chose que le mandataire du peuple, que le sujet de son omnipotence ? Or, tout mandat est de sa nature temporaire et révocable ; s'il en était autrement, le mandataire pourrait usurper les volontés du mandant, lui ravir ses droits ; que deviendrait, dans ce cas, le gouvernement Monarchique suivi de son hérédité ?

Fouillons plus avant encore dans les entrailles de la question, en admettant même ce que nous avons démontré déjà comme impossible, qu'un véritable contrat entouré de toutes les formalités exigées pour les conventions humaines, ait eu lieu entre une Nation quelconque et son Roi. Si l'une des deux parties contractantes manque aux clauses et conditions du traité, si la Nation, par exemple, reprenant son indépendance, se soustrait elle-même à ses obligations ; quelle force exécutoire emploiera Monsieur le Roi ? Quels huissiers, quels gendarmes pourraient contraindre tout un peuple à l'obéissance ? Qu'est-ce en définitive qu'un contrat humain qui manquerait de toute espèce de sanction pénale? Rien de légal, rien de sérieux. Il faudrait alors que Dieu s'en mêlât, qu'il intervînt directement pour régler le débat; le ferait-il? Non.

Soufflons enfin sur la République, sur le bon sens de la France, sur nos conquêtes révolutionnaires, fruits des labeurs des siècles passés, en supposant à l'exemple des Légitimistes : Que la majorité des citoyens français répondant à l'appel de quelques blancs va acclamer, un de ces jours, la Royauté d'Henri V; Que les électeurs qui auraient servi à composer cette majorité ne se repentiront jamais de vivre sous un Roi.

Demain, après-demain surgiraient de jeunes citoyens armés de droits politiques égaux à ceux de leurs devanciers, tandis que la majorité aveugle et Royaliste glisserait peu à peu vers la tombe. Les hommes nouveaux ne manqueraient pas de dire aux hommes du passé : « La Souveraineté seul principe légitime d'autorité sur la terre est essentiellement inaliénable, si non elle doit mourir; son existence inhérente à la vie de chaque citoyen est placée au-dessus de la puissance politique de tous les hommes; la voix du Peuple n'est et ne peut être la voix de personne en particulier, c'est la voix de Dieu, c'est la République. Vous n'aviez pas le droit d'imposer aux générations futures une Monarchie séculaire. Le pouvoir d'une Nation ne pouvant cesser d'être actuel, ne peut jamais, par conséquent, s'engager avec l'avenir.

« La majorité Royaliste avait donc outre-passé ses droits, méconnu ses devoirs. N'avait-elle pas eu, en définitive, la prétention folle et illusoire d'aliéner même la volonté de ceux qui n'étaient pas encore citoyens, des enfants nés ou à naître, créatures libres par Dieu et rendues esclaves par quelques hommes? Répondez, intelligences raisonnanables : Est-il permis de disposer d'une chose qui ne peut devenir la propriété de personne, alors surtout, qu'elle n'existe pas, ou qu'elle n'a pas encore la puissance de se manifester ? »

Eh quoi! le Peuple n'a pas le droit d'abandonner un jour sa toute-puissance, de transmettre un instant son pouvoir, et quelques esprits fourvoyés rêveraient d'établir, par son concours, une monarchie héréditaire, de léguer l'autorité d'une nation à une suite de Rois ! Quelle antique aberration ! ! !

Quel est le peuple qui consentirait aujourd'hui à confier aux mains d'un Monarque, à livrer comme autrefois aux caprices d'un homme le gouvernement, les lois, les finances, les armées, la religion, la justice, toutes les administrations, tous les emplois publics, et ce qui est bien plus encore, la liberté, l'honneur, les biens, et la vie de toutes les familles ? Aucun !

Les idées ont tellement progressé que les Royalistes intelligents cessent d'envisager la Royauté comme un principe terrestre ou divin, comme une autorité légitime et Souveraine. Ils l'invoquent seulement comme un gouvernement de fait dont la forme doit produire forcément l'ordre et la stabilité au sein des Nations. Ce sera là, sans doute, leur dernière erreur.

Qu'est-ce que l'ordre? C'est le développement pacifique, progressif, régulier d'un peuple, s'avançant vers le but assigné par Dieu à tous les peuples, la civilisation.

L'ordre existe au plus haut degré dans le gouvernement de tous, dans la République; avec elle plus de révolutions possibles. Conçoit-on qu'un peuple s'insurge contre lui-même, contre sa propre autorité, la minorité contre la majorité qui fait la loi ! Si la masse de la nation se trompe, le petit nombre pourrait-il même dans ce cas, recourir à la force pour faire prévaloir le droit ? Ce serait impossible. Il restera donc à la minorité pour tout moyen, pour toute arme, la raison, et la majorité éclairée reviendra le lendemain de son erreur d'elle-même, sans secousses, ni violence. Avec le Suffrage Universel et la République, l'arme barbare de l'émeute est convertie, à tout jamais, en bulletin électoral ; l'insurrection est frappée de mort.

L'ordre n'est pas dans les garanties fallacieuses apportées par une organisation Monarchique quelconque; dans les Royautés constitutionnelles, dans les abstractions de la liberté comme en Angleterre. Il n'est pas dans la personne d'un Roi entouré de janissaires, de sbires, de généraux et d'aristocrates; dans une fausse autorité basée sur la force, la compression et la terreur, régnant par le sabre, l'exil, les cachots et la guillotine.

L'ordre n'est pas, non plus, dans l'unique droit, s'il était stérile, qu'auraient les citoyens de déposer tous les ans, tous les mois, tous les jours des bulletins dans des urnes électorales. L'ordre n'est pas un vain mot, une vaine chose, c'est le développement physique, intellectuel et moral des nations, le progrès dans la liberté et le bien-être de tous, les réformes dans les finances, le crédit et le travail; l'ordre c'est l'harmonie de tous les intérêts; l'ordre existe dans la République comme forme et dans le Socialisme comme but.

Qu'est-ce que la stabilité? Une chose est stable, quand elle est difficile, impossible à renverser, lorsque la base sur laquelle elle repose est large et solide. Comment concevoir un gouvernement plus solidement établi que le gouvernement Républicain? Il repose sur tous. Pour qu'il soit renversé, il faudrait que le peuple se renversât lui-même, que le peuple alors devînt fou. Les

Républiques assises sur le Suffrage Universel offrent une surface plane , large comme la France, immense comme le monde. Sur cette surface la main de Dieu abaisse peu à peu le niveau de l'égalité des devoirs , des avantages et des droits. La Monarchie au contraire, suppose une société hiérarchique taillée en forme de pyramide qui a pour point de départ le mendiant et pour sommet le Roi. La base sur laquelle repose une pareille organisation sociale est étroite, peu stable , et bien souvent il advient que la Royauté se déclarant omnipotente , devient centre de tous les pouvoirs, réunit en ses mains toute autorité. Les conclusions de tout ceci sont faciles à prendre. Retourner la pyramide et la dresser sur la pointe , ou bien constituer du Roi la base de tout, sont choses entièrement identiques.

A l'œuvre équilibristes ! à l'œuvre ! La pyramide repose-t-elle sur son faîte comme la nation sur son Roi? Est-ce fait? Oui. Eh bien ! maintenant attention. Eh quoi ! un léger mouvement opéré dans le peuple, un simple tour d'épaules , une secousse imperceptible, un souffle suffisent pour renverser un pouvoir ainsi établi ! Et voilà ce qu'on appelle un gouvernement stable ! O Royalistes, rien n'est plus fragile que votre prétendu principe Royal, rien n'est plus mal assis qu'un pareil pouvoir ! ! Ne nous étonnons plus après cela, d'avoir vu briser tant de fois en soixante ans la Royauté par les révolutions populaires ; elle n'est même pas à l'épreuve d'une balle de calibre conduite par la carabine d'un misérable assassin.

Et l'on regarderait encore un homme, un Roi comme un principe social, et la Monarchie comme une autorité légitime apportant avec elle l'ordre et la stabilité au sein d'un peuple ! ! ! Mais c'est la plus vieille et la plus grossière de toutes les erreurs.

L'humanité entière a subi, dans le passé, le despotisme de ses Monarques, c'était sans doute une triste fatalité. Puissent les malheurs et les souffrances de nos pères faire apprécier aux générations présentes les bienfaits de la liberté. La France, ainsi que plusieurs autres nations, ont goûté aussi du régime trompeur des chartes Royales. Le peuple a vu de près les ficelles qui mouvaient tous les pantins dorés et couronnés, absolus ou constitutionnels que d'habiles jongleurs ont fait danser sur la surface du monde, et la fiction théâtrale de la Monarchie s'est évanouie devant le bon sens public.

Que les temps sont changés ! Les Prétendants se traînent aujourd'hui, à deux genoux, devant la nation française. Les Royalistes, les nobles, jadis si fiers, qui osent encore décorer leur fétiche du nom de légitime, en sont réduits à solliciter pour leur monarque *constitutionnel* le pouvoir exécutif seulement, c'est-à-dire la place de sujet, de serviteur, de valet de ce Peuple qu'ils ont tant insulté, tant mitraillé, et, le principe absolu de la Souveraineté est contraint à refuser à son ancien maître l'emploi passif et subalterne d'exécuteur des hautes œuvres populaires.

Oui, la Monarchie réellement malade en Europe, est bien morte en France. On pourrait à peine imprimer à son cadavre refroidi quelques mouvements galvaniques et factices ; mais lui rendre la vie, la jeunesse, la puissance et la santé, jamais. Restaurateurs de la mort, résignez-vous ; les idées qui ont fait leur temps appartiennent au sombre domaine des tombeaux. Embaumez la Royauté, entourez-là de bandelettes sacrées ; priez dévôtement auprès d'elle sur vos priviléges détruits, vos monopoles éteints, votre grandeur éclipsée. Les générations nouvelles opposeront, et pour cause, de frais et gracieux sourires à vos larmes désintéressées.

La Souveraineté qui ne peut, en aucune façon, établir la Monarchie, peut-elle au moins séparer le pouvoir législatif pour le confier à une assemblée souverain, du pouvoir exécutif pour le placer temporairement entre les mains d'un président ? Non. Cette division constitue une véritable aliénation, et ce qui est vrai reste toujours simple.

Les Peuples possèdent d'une manière indissoluble la faculté de penser ou le pouvoir législatif, la puissance de se déterminer ou le pouvoir exécutif. Ces deux attributs inséparables de la vie même de chaque citoyen donnent aux Nations le double droit de fabriquer leurs lois et de les faire exécuter. Le pouvoir exécutif est attaché à perpétuité au législatif comme la pensée l'est à l'action, le fait à sa cause, le moteur à la machine qu'il anime. Vouloir les rendre indépendants l'un de l'autre, c'est aspirer à l'impossible. De cette séparation anormale résulte deux forces opposées, deux droits rivaux, qui ne pouvant exister côte à côte sans se froisser, sans entrer en lutte, sans s'opprimer, doivent nécessairement apporter avec eux désordre et anarchie.

Courbons respectueusement la tête devant les pouvoirs établis par nos lois, c'est notre devoir; mais que notre raison ne s'incline jamais que devant la vérité, c'est notre droit. On aura, au reste, beau dire et beau faire, les choses qui sont destinées, ici-bas, à vivre unies, ne doivent pas rester longtemps séparées.

Une Assemblée nationale, Souveraine par délégation et corps unique, peut-elle, en d'autres termes, regarder longtemps encore les bras de la République s'agitant loin de sa tête? Le pouvoir exécutif fonctionnant en dehors ou à côté de l'Assemblée n'apparaît-il pas déjà à beaucoup d'esprits comme un rouage inutile ou dangereux, comme une anomalie? Comprend-on ainsi l'ordre et l'harmonie qui doivent présider à toutes les fonctions sociales?

Une organisation pareille se trouve tout au plus excusable chez un peuple qui en est encore à ses premiers essais de forme républicaine. La présidence au sein d'une République démocratique est l'image fugitive, le dernier reflet des ces Royautés constitutionnelles qui traînaient après elles tant de fictions et tant d'abus. La question qui nous occupe envahit peu à peu les esprits; regardons pour nous en convaincre sa marche à travers l'histoire : Aux Rois ont appartenu dans le passé l'entier monopole des lois et le privilége de leur exécution. Le pouvoir législatif, sans cesse attaqué, contesté, a été restreint de plus en plus par les chartes populaires, tandis que le pouvoir exécutif plus secondaire et moins important restait l'entier apanage des Monarques. Ces deux pouvoirs inséparables en droit et en fait doivent appartenir, en entier et à tout jamais, aux Peuples du globe.

La République, gouvernement unique, indivisible, inaliénable, ne peut donc exister qu'avec tous les pouvoirs réunis et confondus. L'Assemblée seule, tant qu'elle *représentera* la toute-puissance nationale, doit nommer une commission exécutive, prise dans son sein, commission qu'elle aura le droit de révoquer et de modifier à volonté. La conséquence de tout ceci est forcée. Avec ce système plus vrai, plus simple, plus normal, plus parfait, disparaîtraient à l'instant la lutte des pouvoirs, les intrigues sans nombre et sans fin qui se nouent autour d'une présidence, la fonctiomanie, les modifications ministérielles amenées par les revirements d'une politique souvent personnelle, ce qui de nos jours tiraille les esprits, ébranle le crédit public et privé, paralyse les affaires, causes incessantes de perturbation et de ruine qui, renfermées au sein d'une Assemblée, franchiraient à peine les murs de l'édifice. Pourquoi n'assisterions-nous pas les bras croisés aux orages de tribune, aux crises ministérielles, aux évolutions du pouvoir exécutif? Tout cela aurait lieu si l'Assemblée qui doit être Souveraine l'était réellement. La France est aujourd'hui secouée de fond en comble par les prétentions inconstitutionnelles du parti napoléonien? Qui pourrait le nier?

Otons la présidence au mécanisme Républicain et les industriels, les commerçants, les propriétaires, les paysans et les ouvriers, gens qui vivent d'ordre et de travail, pourront dire le lendemain aux élus du Suffrage Universel :

« Mandataires du Peuple, semez la con-
« corde, la justice, la paix sur la grande

« famille française en proposant des lois sa-
« ges, utiles à tous. Abandonnez les misé-
« rables querelles de parti pour ne songer
« qu'aux intérêts généraux, qu'à la Répu-
« blique; ne servez plus de marchepied à
« quelques chefs politiques pour partager
« ensuite leur fortune. Rendez les citoyens
« plus libres et plus heureux, et vous au-
« rez l'ordre réel, celui qui s'obtient par la
« fraternité de tous les intérêts. Allez, allez,
« Représentants de la France, enfermez-
« vous pour un an dans le palais législatif;
« que la paix soit avec vous et avec nous !
« Et maintenant gouvernez. »

Après les secousses révolutionnaires qui
viennent de l'agiter, la France a besoin que
l'autorité soit bien définie, bien comprise et
surtout bien consolidée. Il faut se hâter
d'enseigner aux populations qu'il n'existe au
sein des sociétés humaines qu'une puissance
légitime, sérieuse, pacifique, c'est la Souveraineté des peuples, ou bien il n'y aura
pour personne rien de légal, rien de stable, rien de respecté. Que voulez-vous que
devienne la patrie, si chaque parti hostile à
la République a la prétention d'établir un
Gouvernement selon ses affections, ou d'a-
près ses calculs égoïstes une autorité en dehors du droit de tous? Industriels intelligents, négociants honnêtes et rangés qui
demandez à bien traiter vos affaires, tran-

quilles dans vos ateliers, dans vos bouti-
ques, derrière vos comptoirs, vous ne voyez donc pas que les chefs réactionnaires
sont pour la plupart des intrigants, des
ambitieux qui pour toucher quelques gages
du premier maître venu plongeraient la
patrie dans les horreurs de la guerre civile,
des factieux, des anarchistes fermant les
yeux à la vérité, ouvrant de leurs propres
mains le cratère d'une révolution sans fin,
les portes au cahos.

Poursuivons hardiment les conséquences
de nos principes et avançons progressive-
ment vers la vérité : advienne que pourra !
Mais n'oublions pas que la véritable Démocratie combat les erreurs avec l'arme effi-
cace de la raison humaine. Quelles ont été
les questions envisagées par nous ? Un peuple ne peut établir la Royauté, séparer le
pouvoir exécutif du pouvoir législatif ! Le
Suffrage Universel ou la République sont
choses identiques ! Un peuple peut-il maintenant déléguer, transmettre sa Souveraineté à une Assemblée ? Instituer en d'autres
termes un gouvernement représentatif ou
indirect ? Non.

Et cela découle évidemment de tout ce qui
précède. Le pouvoir souverain est tellement inhérent à l'organisation, à la vie ré-
gulière, à la marche des sociétés humaines qu'il devient impossible de concevoir

que les citoyens s'en désaisissent pour établir en dehors d'eux-mêmes une autorité quelconque. La Souveraineté résidant en tous ne peut être représentée par la raison seule qu'elle ne peut être aliénée au profit de quelques-uns. L'institution des représentants qui date du moyen-âge était inconnue dans les Républiques d'Athènes et de Rome où les citoyens assemblés sur le *forum* administraient les affaires publiques. Une Assemblée possédant la Souveraineté qui est inaliénable, engageant tout un peuple, apparaîtra dans l'avenir, aux Nations éclairées, comme une chose inadmissible, une erreur.

Comment alors sous le régime vrai de la Démocratie régler les rapports des citoyens? Etablir les conventions qui doivent les lier entre eux? Fabriquer enfin ce qu'on appelle les lois?

Une loi n'est obligatoire pour un peuple libre qu'à la condition qu'elle sera l'expression sincère et réelle de la volonté générale; or la majorité des suffrages représente ordinairement la majorité des intérêts, et la majorité des intérêts le bien public. C'est pour ces motifs que les lois démocratiques ont toutes chances de bonté. Une loi n'engage moralement une nation si elle n'émane directement de la pluralité des suffrages. Ce que tous doivent faire, chacun doit le prescrire. Ce n'est qu'à l'aide d'une fiction vaine et fallacieuse qu'il devient possible de comprendre que la volonté de quelques-uns peut exprimer, manifester, engager la volonté de tous. Cela n'est pas vrai.

Un peuple ne peut donc abandonner sa Souveraineté même en donnant des mandats temporaires, nommer des représentants de sa puissance, établir un Gouvernement séparé, indépendant de son autorité. Il a seulement le droit d'élire des Commissaires chargés de préparer, de proposer les lois qui ne deviendront obligatoires qu'après qu'elles auront été approuvées, consenties, ratifiées et sanctionnées par le Souverain, armé du Suffrage universel. Traduits sur le terrain élevé des principes sociaux, nos adversaires s'écrieront, comme d'habitude, comme toujours: mais c'est impossible !

La vie journalière des sociétés humaines impose, nous dira-t-on, des obligations nécessaires, inévitables, contre lesquelles on ne doit pas se heurter. Si chaque membre ne donne plus mandat pour l'administration des intérêts communs, les citoyens seront contraints par voie de conséquence, à régler eux-mêmes les affaires du pays. Comment réunir tous les habitants sur un même point, les consulter à tout propos, les faire voter sur toutes décisions à prendre ? Comment transmettre, avec intelligence et discernement, les pouvoirs subalternes aux fonctionnaires publics ? Chez un peuple ainsi gouverné on ne ferait que parler, discuter et voter du matin jusqu'au soir, personne ne pouvant agir au nom de tous.

Or l'existence possible d'une nation avec ses travaux agricoles, industriels, artistiques, exige délégation des pouvoirs de la Souveraineté.

Depuis bien des siècles la cloche des paroisses appelle chaque dimanche les habitants des communes aux offices religieux. Là, bourgeois, paysans et ouvriers, groupés autour d'une chaire, écoutent un prêtre les entretenant de Dieu et des affaires de l'autre monde. L'homme n'a pas été jeté sur cette terre pour tenir sans cesse ses regards élevés vers le ciel.

La République en appelant tous les Français à la vie politique, au gouvernement des affaires civiles, leur a fait un devoir impérieux de s'occuper, ici-bas, de l'administration de leurs intérêts physiques et moraux, des réformes sociales. Est-ce à dire pour cela que les peuples ne doivent pas étudier les rapports qui lient les hommes à une cause première et supérieure, à Dieu ? Respect à la Religion qui régit du haut des cieux, au nom des puissances invisibles, les pensées et les actions échappant aux lois humaines. Conservons lui, tout en cherchant à la perfectionner, sa part d'influence dans les destinées morales des peuples.

Dans les jours de repos, la République de l'avenir, harmonisant le fait avec le droit, se trouvera dans la nécessité absolue de réunir les habitants des communes dans chaque mairie ou dans un local particulier pour y discuter les affaires politiques, approuver ou rejeter les lois. On objectera, sans doute et comme toujours, l'ignorance des travailleurs des villes et des campagnes tout en repoussant l'unique moyen de les éclairer. Allez, allez, Messieurs les Royalistes, prêcheurs d'obscurantisme, on vous connaît de longue date, vous avez gardé, durant 18 siècles, le gouvernement des intelligences. Qu'avez-vous fait pour l'éducation des paysans et des ouvriers? Rien. Les nobles eux-mêmes se glorifiaient de ne savoir ni lire, ni écrire. Votre règne n'est donc possible qu'au milieu des ténèbres les plus épaisses. Nous vous le disons ici en toute conscience, votre ennemi mortel c'est la lumière, c'est la raison.

Est-il possible qu'un peuple se gouverne lui-même, c'est-à-dire directement, qu'il garde en ses propres mains le pouvoir législatif et le pouvoir exécutif? Est-il possible de soumettre les lois et les nominations à tous les emplois au Peuple assemblé dans ses comices? Quelle utopie grand Dieu! Quelle utopie! Comment prendre les votes de toutes les communes pour les diriger à l'instant sur un centre commun, sur Paris?

Mais c'est impossible. Impossible! dites-nous seulement si ce que nous pensons est vrai ou faux?

Prenez maintenant la peine d'ouvrir les yeux, la science qui marche à pas de géant, supprime peu à peu les distances. Les télégraphes électriques transmettent la pensée sur les ailes de la foudre, plus vite que la parole. Qui vous dit qu'avant trente années, un vaste réseau électrique ne reliera pas les communes aux départements et ces derniers à la Capitale? Chaque jour les inventions et les découvertes arrivent au service des idées nouvelles. Que faudra-t-il alors de temps pour consulter un peuple assemblé? Quelques heures.

On comprendrait au besoin, séduit par la vérité de nos théories, que le Peuple de plus en plus éclairé ratifiât ses lois. Que le Peuple de plus en plus libre commandât enfin à ses propres actions. Mais sera-t-il jamais apte à choisir directement les fonctionnaires de toutes les administrations? Arrêtons-nous sur cette dernière objection.

Le pouvoir exécutif est inséparable du peuple, ainsi que nous l'avons démontré. Pourrait-il d'ailleurs être mieux placé que dans nos mains? Tous ne sont-ils pas plus équitables, plus clairvoyants qu'un seul, qu'un Directeur général, par exemple? Depuis quand ne fait-on pas mieux ses affaires soi-même que par l'entremise d'autrui ? Est-ce que tout droit et toute puissance ne descendent pas directement de nous ? Quel danger, quel mal, quel inconvénient y aurait-il à ce que dans les départements, les cantons et les communes, les fonctions publiques fussent obtenues par les suffrages populaires, à l'exemple de nos maires et de nos magistrats municipaux élus directement par leurs concitoyens. Est-il un président, un ministre, un préfet à même de connaître et d'apprécier aussi bien que nous qui les aurons sous la main, les citoyens les plus capables, les plus probes, les plus dévoués. Pourquoi signaler les réformes utiles et les avantages immenses qu'obtiendraient la République, la Justice et l'Egalité, si nos présidents, nos conseillers, nos magistrats d'instance et nos juges de paix ; si nos archevêques, nos curés, nos ministres protestants et nos rabbins ; si nos officiers supérieurs, nos officiers et jusques à nos caporaux ; si les employés de toutes les administrations étaient nommés directement par l'élection ou indiqués à la commissiou exécutive et plus tard au Peuple entier à l'aide de concours publics organisés sur toute la surface de la France ?...

Voici comment nous concevons, au premier aspect, la mission future et temporaire du pouvoir exécutif qui serait chargé en partie seulement des nominations aux emplois civils et militaires, jusqu'à ce que le Peuple arrive à conférer lui-même tous les pouvoirs.

A la commission exécutive, afin que la centralisation, l'unité la plus complète existent dans le gouvernement de la République, le droit de nommer préfets et sous-préfets, tous les membres des parquets, procureurs-généraux, procureurs de la République et leurs substituts, les comptables des deniers publics, percepteurs et autres; les douaniers, jusqu'à ce que les barrières entre les peuples aient disparu; tous les dépositaires enfin de la force publique, huissiers, gendarmes, etc.

A l'armée, qui recevrait une organisation nouvelle, la faculté de désigner ses chefs à l'aide du concours et du vote.

Au bas-clergé, l'indépendance.

A chaque commune de France, le pouvoir d'élire son maire, son conseil municipal, de conférer tous les grades dans la garde nationale et bientôt de nommer son curé, ce dernier pris parmi les candidats présentés par le chef-lieu du département; la Religion est du domaine de tous les intérêts. Les prêtres ne peuvent former un corps séparé, un pouvoir hors de la société, hors de nous. Les citoyens doivent donc concourir à l'organisation de leur culte.

A chaque canton, le droit de choisir son juge de paix; à chaque arrondissement, son tribunal d'instance, et dans un avenir rapproché leurs curés.

Chaque département nommerait tous les ans ses représentants ou mieux encore ses mandataires à l'Assemblée nationale, ses conseillers de préfecture convertis en juges administratifs; sa cour d'appel, (si elles étaient conservées) avec l'adjonction des départements du ressort; sous peu, son évêque ou son archevêque, tout comme aux premiers temps si purs et si sereins du catholicisme. Qui désigne, depuis le concordat, les hauts dignitaires de l'Eglise? Le gouvernenent. Or, depuis 1848, le gouvernement c'est nous.

Toutes les fois qu'il s'agirait d'emplois ou de fonctions exigeant des connaissances spéciales comme dans la justice, le clergé, les travaux publics, les ministères, l'enregistrement, etc., ou bien encore de s'élever en grade, il deviendrait alors utile de suppléer à l'incompétence réelle de la généralité des citoyens.

Les divers aspirants ou fonctionnaires seraient tenus de comparaître au milieu de concours organisés exprès, devant des juges spéciaux, habiles, intègres, chargés d'examiner, en présence d'un public nombreux, la capacité, les titres, les services de tous les candidats et de proposer leur admission à la commission exécutive d'abord, et plus tard au Peuple.

Les concours publics constituent à nos yeux le seul moyen juste, équitable, démocratique, d'éclairer les suffrages des citoyens appelés à conférer les fonctions, à établir certaines hiérarchies. C'est ainsi que le pouvoir exécutif attaché au pouvoir législatif par des liens indissolubles est destiné, d'après nous, à passer à son tour entre les mains du Peuple français. Place maintenant à la jeunesse studieuse, libre et fière, trouvant toutes les carrières ouvertes désormais à ses efforts ravivés, au mérite, au talent, à la vertu ! Place au gouvernement réel des peuples !

Après l'élection, le concours, le choix ou la justice nationale sur la terre, il ne reste plus que la justice de Dieu dans le ciel.

Que deviendront en ces temps d'équité, ces solliciteurs lâches et rampants, aux regards douteux, à la face de courtisan, à l'épine dorsale si flexible qui escaladent les emplois par l'intrigue, la délation, la vente de la conscience, la famille, les amis, l'argent, la prostitution de leurs femmes et de leurs filles, trafics honteux, tripotages ignobles qui creusent sans cesse cette large plaie de la corruption qui saigne, suppure et dévore le corps de la France ?

Voilà le mal ; il a causé bien des troubles et bien des révolutions. Les hommes probes et vertueux seront-ils toujours dupés par les arlequins politiques ? Veut-on le remède ?

nous l'avons indiqué. Il est dans le concours comme moyen d'arriver à tout et dans les fonctions publiques réduites à des émoluments bien bas, tellement bas que servir la patrie soit plutôt une œuvre d'abnégation et de dévouement qu'un affreux scandale, qu'une âpre spéculation.

Le citoyen livré aux études sociales qui, la main sur le front, médite sur l'avenir des principes démocratiques, doit les dérouler peu à peu, les examiner avec courage, sagesse et bonne foi, indiquer les réformes progressives qui conduiront les peuples à la conquête de la vérité.

Le perfectionnement humain, loi d'activité, de travail sans fin et de patience, loi capricieuse et irrégulière dans sa marche, soumet les peuples à des obstacles sans nombre, à des haltes, à des bonds en avant et quelquefois même à des reculs. Le progrès est une affaire de temps et de lieu. On doit en prendre son parti ou brouiller sa raison avec les traditions historiques. La France, au reste, comprendra d'elle-même les transformations, les phases diverses par lesquelles les institutions républicaines sont appelées à passer dans un avenir plus ou moins éloigné. Nous permettrait-on de les indiquer en passant?

Le Suffrage Universel sera rétabli;

A une Assemblée nommée pour trois ans, on en substituera une nommée pour un an;

La Présidence sera regardée comme inutile et dangereuse, et remplacée par une commission exécutive toujours révocable ;

L'Assemblée annuelle *représentera* tous les pouvoirs concentrés. Plus puissante et plus forte que tous les gouvernements du passé elle décrétera la soumission aux lois et l'ordre à la France tranquille et pacifiée ;

L'Assemblée réduite aux réglements d'administration intérieure, soumettra les lois organiques à la ratification du Peuple réuni dans ses comices ;

L'Assemblée perdra peu à peu le droit de fabriquer les lois, et la Commission exécutive celui de nommer aux emplois ;

La République enfin éclairée dans son administration intérieure et extérieure par des commissaires dont l'unique mandat sera de proposer les lois et les fonctions publiques aux suffrages de tous, verra fleurir le gouvernement du Peuple.

Telles sont les conséquences du principe social de la Démocratie, de la Souveraineté populaire, qui ont apparu à notre raison comme directes, logiques et forcées. Elles ont séduit notre cœur, entraîné nos convictions, saisi notre main et obligé un soldat obscur de la République à écrire après tant d'illustres intelligences : Plus de présidence, plus de représentation nationale, gouvernement direct et absolu du Peuple.

Tels doivent être aussi, à notre avis, les

développements futurs et gradués de la forme Républicaine. Ce qui peut paraître aujourd'hui faux, exagéré, révolutionnaire, subversif, impossible, deviendra, peu à peu et avec l'aide du temps, vrai, simple, logique, naturel et praticable.

Combien d'années faudra-t-il à la Nation française pour qu'elle accomplisse toutes ces réformes ? Nous ne le savons pas. Mais ce qu'il nous est permis d'affirmer, c'est que forcément l'avenir nous donnera raison.

A genoux devant Dieu qui faisant l'homme à son image, l'a créé libre et Souverain !

Au nom du principe Démocratique vrai, impérissable, éternel, régénérateur des sociétés humaines, gravé dans le cœur de tous, prouvé par toutes les philosophies, mis en évidence par l'histoire, sanctifié par les larmes et le sang des martyrs de tous les peuples et de tous les temps;

Au nom du Peuple Français foulant aux pieds les préjugés Monarchiques et les trônes brisés de ses Rois;

En présence des Royalistes vaincus à tout jamais par la raison humaine;

La France de 1848 a proclamé que la République était immortelle. A ce cri sauveur les Peuples ont secoué avec rage leurs bras mutilés par les chaînes, et les Rois de l'Europe, pâles d'effroi, ont posé une main sur leur couronne et l'autre sur la garde de leur épée. Encore une secousse révolutionnaire et les tyrans sont partout abattus !...

Nous avons démontré dans cet écrit :

Que deux principes ne peuvent exister simultanément au sein des nations ;

Que la Royauté n'est pas un principe, mais un fait qui auraiteu, seulement dans le passé, sa raison d'être ;

Que la Souveraineté des peuples, principe unique, source légitime d'autorité sur la terre étant inaliénable et indivisible, doit conserver ses caractères essentiels ou mourir;

Que toute délégation partielle ou totale de la Souveraineté, qu'elle soit appelée Royauté, Présidence et même Représentation natio - nale, constitue une abdication permanente ou temporaire des droits du Peuple, une véritable aliénation ;

Que le pouvoir exécutif ne peut jamais être séparé du pouvoir législatif ;

Qu'il n'y a de logique, de vrai, de force avec le principe immuable et absolu de la Souveraineté, que la République, que le gouvernement direct du Peuple.

Ayons maintenant, comme on dit, un beau mouvement de cœur. Tout nous y dispose : la vérité de nos principes et leur triomphe prochain et assuré. Pardonnons à nos adversaires à l'exemple du Christ notre Maître, à ceux qui nous persécutent et nous injurient à tout propos, en leur prouvant jusques à l'évidence que les Rouges sont dignes, sous tous les rapports, de respect, d'estime, de considération, de reconnaissance, d'admiration et d'amour. Les sentiments de fraternité qui débordent notre âme marquent assez la différence des dieux que nous servons.

Tous les partis font feu sur les Rouges de toutes armes et de toute part, et possèdent sur nous des avantages immenses.

Ils ont d'abord celui du terrain, car ils tiennent les hauteurs sociales, le pouvoir, et avec lui une armée de fonctionnaires qui pourrait manœuvrer sous la pression des promesses d'avancement ou des menaces de destitution, et peser ainsi d'un grand poids sur les consciences électorales.

On offrait, on distribuait sous Louis-Philippe les charges publiques avec intelligence et profit; les mêmes hommes comptés au nombre de nos plus hauts fonctionnaires et de nos gouvernants, ont-ils oublié leur tactique et leur savoir-faire?

Ils ont, en outre, en partage : l'éducaiton et les belles manières qui séduisent, égarent les pauvres et les ignorants;

Les grandes propriétés qui attirent et font graviter autour d'elles les fermiers, les métayers, leurs valets, et une foule de petits cultivateurs et de manouvriers;

Leurs domestiques si nombreux accompa-

gnés, la main sur le collet, par quelques
Royalistes qui échappent aux lois, jusques
aux portes des salles électorales, suivis du regard, par d'autres, jusqu'à l'urne ;

Les contrats hypothécaires, ruineux et
menaçants pour les détenteurs du sol qui,
assis sur le quart de la propriété, absor-
bent néanmoins chaque année la moitié de la
production agricole, et qui tendent, en outre, à reconstituer la grande propriété par
les intérêts légaux et les frais accessoires ;

Le capital argent, tyran qui, échappant
à l'impôt, étreint dans ses serres de vau-
tour tant de propriétaires, tant d'industriels, tant de commerçants ;

La lettre de change en portefeuille avec
laquelle s'ouvrent ou se ferment à volonté
les portes des prisons.

Après la puissance du pouvoir, de l'éducation, des terres et des écus arrivent encore : les intrigues de la peur et du mensonge servies par des langues maniées par
des hommes habiles, disciplinés, influents,
brisés depuis longues années aux luttes électorales ;

Le haut-clergé qui depuis ses alliances
avec les Rois et les puissants de la terre
semble avoir renié l'esprit démocratique de
l'Evangile ;

L'armée, sortie du Peuple est pour le Peuple ; chaque soldat, vissé, écroué à sa place,
fonctionne comme une pièce, un rouage fai-

sant partie d'une grande machine. L'armée est tenue, il est vrai, par ses chefs, la discipline et les conseils de guerre; mais elle n'appartiendra jamais aux Royalistes et aux Jésuites. L'armée serait plus glorieuse de tirer l'épée de la France contre les Rois de l'Europe que de marcher sur la République Italienne, que de faire une campagne de Rome à l'intérieur. Oui, l'armée est mordue au cœur quand elle est obligée de souiller les pavés de nos cités du sang de ses frères. L'armée défendra la Constitution.

Qu'avons-nous à opposer aux partis coalisés contre nous, à leur puissance directe et indirecte, à leur tactique, à leurs armes terribles et cachées ? Quoi ? Nos principes et notre foi politique. Nous tenons seulement en nos mains le levier puissant des idées et cela nous suffit pour soulever la France et le monde. O vérité ! ô justice ! nous vous adorons à deux genoux.

Supposons un instant que la bataille cessant d'être simplement électorale prenne tout à coup un caractère plus sérieux. A Dieu ne plaise qu'un si grand malheur advienne jamais à la France ! On emploie quelquefois en mathématiques l'impossible et même l'absurde pour atteindre la vérité. Supposons donc que les Rouges méprisés, insultés à toute heure du jour, destitués, traqués, emprissonnés sur toute la surface de la France, jugés et toujours condamnés, privés peu à peu de leurs droits, accablés de nouvelles charges, vinssent un beau matin, et après une violation flagrante de la Constitution, à se séparer des Orléanistes, des Légitimistes, des Bonapartistes, à les renier, à les répudier, à ne plus vouloir vivre et travailler avec eux, c'est-à-dire pour eux. On a vu, dans les temps antiques, le peuple de Rome se retirer sur le mont Sacré pour y former une société à part.

Tout bon citoyen frémit de tous ses membres à l'idée seule d'une calamité pareille; avons-nous besoin de dire que nous la repoussons avec toutes les forces vives de notre âme; que notre but ici n'est pas de diviser les citoyens, mais de les rapprocher les uns des autres, de réchauffer et de confondre dans un même amour tous les partis? Nous voudrions tout au plus ridiculiser quelques grands airs d'orgueil et de supériorité transmis à certains visages, à certains hommes, par l'ancien monde qui glorifiait l'ignorance et l'oisiveté. Et maintenant poursuivons une supposition toute romanesque, une impossibilité, un rêve :

La France se trouverait donc divisée en deux camps bien tranchés : d'un côté, les Légitimistes pâles d'orgueil et de fierté, qui n'ont jamais regardé le paysan, le bourgeois, l'ouvrier, comme leur égal et comme leur frère. Ceux-là possèdent, en général, les châteaux, les parcs, les grandes fermes et beaucoup d'hypothèques. Leurs mains oisives, fines et douces comme la soie, n'ont jamais rien produit de ce qui est utile aux premiers besoins des hommes;

Les Orléanistes, industriels, propriétaires, capitalistes, bilieux, mesquins, avares, considérant, à l'exemple des riches anglais, le travailleur comme une machine à production, comme un outil;

Les Impérialistes traîneurs de sabres, vieux grognards, représentant l'idée antique et barbare de la force brutale;

Les usuriers, sangsues attachées à la vie du corps social;

Les artistes sans sentiments élevés, sans poésie et sans cœur, qui font de l'art une spéculation et un métier;

Des hauts fonctionnaires, des savants, des auteurs, des journalistes, caméléons qui pour de l'argent ont servi tous les régimes;

Des vieux généraux empanachés, bariolés d'or et de crachats, des officiers et si l'on veut quelques soldats, tous admirateurs des circulaires d'Hautpoul, écrites sous la dictée d'un enfant de Loyola, tous vieilles marionnettes de nos Royautés défuntes;

Les noirs, prêcheurs d'humilité et recouverts de mitres dorées, de chasubles soyeuses et enluminées, de dentelles et de bijoux, accompagnés de dévôts et de dévôtes porteurs de figures équivoques que Dieu leur changera sans doute en Paradis;

Les valets marqués à la livrée du maître et appartenant à Monsieur un tel, comme le chien de la maison;

Quelques vieux paysans restés fidèles.

Le tout escorté de vieillards, de femmes, d'enfants gâtés et d'une foule immense de chats, de chiens, de singes et de perroquets ébranlant les airs de leurs cris plaintifs et affamés.

Dans l'autre camp et du côté des Rouges viendraient se ranger tous les travailleurs : maçons, charpentiers, menuisiers, ébénistes, plâtriers, forgerons, serruriers, imprimeurs, boulangers, tailleurs, tisserands, tanneurs, cordonniers, mécaniciens, affineurs, teinturiers, fileurs, tisseurs, apprêteurs etc., avec la majeure partie des artisans et maîtres de tous ces états;

Les petits propriétaires qui cultivent leurs terres de leurs propres mains, désirant vivre indépendants sur le sol qu'ils ont acquis depuis la révolution de 1789 ;

Les meuniers, les charrons, artisans de leur petite aisance ;

Les jardiniers, les colons partiaires et les journaliers intéressés au dernier degré aux réformes politiques et sociales ;

L'immense bataillon enfin des producteurs des villes et des campagnes, gens de peine et de fatigue, citoyens attelés au travail du matin jusques au soir, aux épaules carrées, à la poitrine osseuse et velue, aux membres durs comme le fer.

A côté de ces hommes indispensables à la vie journalière des sociétés humaines se placeraient des grands propriétaires, des commerçants, des capitalistes, des banquiers même, tous attirés par la philanthropie qui réchauffe leur cœur ;

Le tiers de nos représentants à l'Assemblée nationale ;

Des vrais savants, hommes de génie, doux, modestes et bons ;

Les artistes dont le cœur n'est pas flétri par les passions mesquines de l'égoïsme ;

Les industriels et les fabricants qui aiment leurs ouvriers jusques à désirer que le prolétariat disparaisse;

Des généraux, des officiers entourés de presque tous nos braves soldats, aux yeux desquels brillerait l'amour de la gloire et de la République;

Quelques membres du bas-clergé accourus pour trouver l'indépendance dans nos rangs, pauvres curés des campagnes, charitables et vertueux, dont le cœur d'or renferme la véritable morale du Christ;

Enfin quelques avocats (ces derniers seraient toujours en assez grand nombre);

Le tout également suivi de vieillards, de femmes et d'enfants.

Si la France était ainsi partagée en deux sociétés bien distinctes, chacune ayant sa part proportionnelle de villes, de villages, de hameaux, d'ateliers, de machines, de capitaux, de fermes , de terres, de maisons de campagne, de routes, de canaux, de chemins de fer et d'instruments de travail agricole et manufacturier, quelle serait la situation réciproque des Républicains et des Royalistes ?. . . . .
. . . .
. . . .

Les Rouges éprouveraient-ils de l'embarras pour vivre? Pas le moins du monde. Seraient-ils inquiets du lendemain et malheureux? Nullement. Ne formeraient-ils pas au contraire à eux seuls une nation active, indépendante, brave, glorieuse, philanthrope et bientôt riche et heureuse? Oui.

Que deviendraient ces Royalistes repus et satisfaits qui affectent un si grand mépris pour les Républicains? Qui les ferait vivre dans la même oisiveté, environnés du même luxe, ayant à souhait les productions les plus rares de l'agriculture et les plus fastueuses de l'industrie? Qui cultiverait leurs terres, peuplerait leurs ateliers, ferait suer leurs écus?...

Répondez, frélons de la société monarchique, si rares et si vieux, qui insultez chaque jour dans vos journaux aux abeilles républicaines, après avoir dévoré le miel qu'elles fabriquent nuit et jour pour vous!

Répondez, Aristocrates superbes! Qui donc travaillerait pour vos femmes, vos enfants, vos laquais, vos chats, vos chiens et vos chevaux, pour tout le personnel enfin qui vit autour de vous!

O triste réveil! O spectacle moral et instructif tout à la fois! C'est pour le coup que nous verrions accourir vers notre camp, étonnés de leur petit nombre, ces Légitimistes si orgueilleux, ces Orléanistes si avares, ces caméléons si rusés, ces noirs si fourbes etc., porteurs de longues sacoches d'argent, pliant l'échine, le regard humble et doux, frappant familièrement sur l'épaule du prolétaire, de l'ouvrier, pressant leurs mains calleuses plus vivement encore qu'au bon temps électoral. Plus de mépris, plus d'injures; écoutez-les crier d'une voix lamentable et épuisée :

« Rouges nos frères, Rouges qui portiez
« si haut le cœur de la France, citoyens
« utiles, vertueux et dévoués qui n'aimiez
« que le travail, qui ne rêviez que la gloire
« et la prospérité de la nation, vous ne vou-
« lez plus que la patrie existe? vous n'êtes
« donc plus français ? Rentrez, rentrez
« parmi nous, ô nos très bons, ô nos très
« chers amis, vous serez à l'avenir libres
« et heureux. Prenez notre argent au taux
« que vous voudrez; élevez-vous par le
« crédit, le travail et l'économie à la pro-
« priété de l'agriculture et de l'industrie.
« Nous vous avions défendu de le dire, eh
« bien ! nous proclamons aujourd'hui que
« nous sommes tous Socialistes. »

Oui, à peu près comme vous disiez en 1848 : Nous sommes tous Républicains !

Allons, Messieurs les Royalistes, opérez un franc retour sur vous-mêmes; que la vérité des principes populaires touche vos âmes qu'on dit endurcies. Vous taxerez sans doute notre tableau d'exagération? Soit. Prenez seulement ce qu'il contient de vrai et rendez un hommage bien mérité au grand parti de la République. Le riche qui échange son or contre le travail est toujours béni par la main du pauvre. L'ouvrier qui s'élève chaque jour à la possession d'un champ, d'une ferme, d'une usine ou d'un atelier, comprend mieux que tout autre le prix de la propriété; il n'a nul besoin qu'on lui enseigne à respecter le bien d'autrui. Que demandent à présent, à la République, les travailleurs industriels et agricoles? L'organisation du travail et du crédit. Voilà tout.

Trève donc, au nom de votre éducation si parfaite, pour les injures, parfois grossières, que vous nous prodiguez. La vie est si courte qu'on ne doit pas l'employer à se haïr. Plus de mépris, plus de haines entre nous; car nous sommes égaux par la loi et frères par Dieu notre Père à tous. Aimons-nous les uns les autres. Respect, amour, estime, charité pour le malheureux qui travaille chaque jour à votre aisance, à votre bonheur. Contribuez puissamment tant que vous êtes au pouvoir, par votre intelligence, vos capitaux et votre probité à la richesse et à la grandeur de la France. Ne rêvez plus renversement des lois, destruction de la République, désordres, guerre civile, anarchie et Monarchie; occupez-vous d'améliorer le sort du prolétaire, d'assurer la vieillesse de l'ouvrier. Parlons ensemble et toujours des souffrances du pauvre et des moyens à prendre pour les guérir; place donc aux questions sociales qui ont pour but d'extirper le paupérisme et le prolétariat! Ah! ne répétez pas avec les sceptiques, les saltimbanques, les burgraves de l'Assemblée, qu'il n'y a rien à faire! Il y a toujours à faire quand on a foi au progrès et en Dieu qui l'a établi comme loi de l'esprit humain, quand on regarde les douleurs d'autrui et que l'on a du cœur.

Il est prudent aussi de songer un peu aux événements de ce monde qui ressemblent, parfois, aux hasards de la roulette, et demain, peut-être, il tournera rouge. Justice donc, justice au travail, à la misère, au dévouement! Ne frémissez pas lorsque vous et vos dames, parés par le travail d'autrui, frôlez de vos coudes soyeux les haillons du paysan et de l'ouvrier; ne leur parlez plus fièrement, ne les regardez pas de travers; que la plupart d'entre vous méditent long-temps sur le rôle un peu stérile que le citoyen qui ne travaille pas joue au sein des sociétés laborieuses. Ignorez-vous, vous qui étudiez la logique dans Aristote, que dans cinquante années, au sein des Républiques mieux organisées, il sera peut-être permis de penser et de dire : Que tout citoyen qui consomme sans produire est un voleur !

Aimez donc et secourez les prolétaires parce qu'ils sont vos frères et vos égaux, parce qu'ils sont utiles et malheureux.

Qui bâtit vos maisons et vos palais? Qui décore vos riches appartements de meubles somptueux, d'étoffes fraîches et brillantes ? Les Rouges.

Qui fournit soir et matin les objets nécessaires à l'existence de tous? Qui tourne et retourne la terre et l'arrose de sueurs? Qui produit au milieu des fatigues et des privations de toute nature notre richesse agricole? Les Rouges.

Qui charge les tables des riches de services fastueux, de pain si blanc, de viandes et de mets apprêtés et assaisonnés avec tant d'art, de vins si délicats et si généreux? Les Rouges.

Qui fabrique les draps fins et soyeux, les étoffes belles et miroitantes? Qui confectionne les beaux habits, les parures de perles et de diamants, et les toilettes capricieuses qui encadrent si bien la jeunesse, l'orgueil et la beauté? Qui tisse, avec des doigts de fée, les dentelles si légères et si vaporeuses? Les Rouges.

Qui fouille dans les entrailles de la terre pour y chercher tous les métaux et le fer, cette ame de l'industrie? Qui le saisit rouge et brûlant et le plie à tous les besoins industriels? Les Rouges.

Qui prépare, file, tisse le lin, le chanvre, la laine, la soie et le coton? Qui les convertit en étoffes de toute espèce, de toutes qualités, de toutes couleurs destinées aux mille usages de la vie, aux mille fantaisies de la mode? Les Rouges.

Qui garantit les pieds du voyageur des épines, de la boue et des pierres du chemin? Qui a ouvert nos voies de communication, grandes artères du corps social, où circulent et se croisent en tous sens nos produits agricoles et manufacturiers, creusé nos canaux, construit nos voies de fer, nos routes nationales, départementales et vicinales, et jusques aux sentiers de nos métairies? Les Rouges.

Qui crée toutes ces richesses avec peine, patience et résignation? Les Rouges.

Qui préfère la France, sa liberté, sa civilisation, son honneur et sa gloire à la vie?

Qui a présenté la poitrine aux balles des janissaires de la Royauté pour doter la France d'institutions Républicaines? Qui a demandé après l'égalité des droits, l'égalité des charges et des devoirs, l'impôt selon les fortunes, et des réformes financières promptes et radicales afin d'éviter la banqueroute? Qui présentera des premiers le front aux balles des Rois coalisés? Les Rouges.

Qui sauvera la France de la corruption qui la dévore, à l'aide d'une réaction de justice et de vertu? Les Rouges.

Qui professe la morale de l'Evangile, l'amour du prochain, la charité? Qui demande la liberté, le bonheur, l'égalité, la fraternité de tous les hommes et de tous les peuples? Qui appelle sur la terre la réalisation des doctrines du Christ, c'est-à-dire qui croit en Dieu? Les Rouges.

Qui préside enfin au mouvement intellectuel, moral, révolutionnaire, progressif, socialiste et civilisateur de la France et du monde? Les Rouges.

Républicains, nous avons arboré la sainte bannière des idées sociales, chacun de nous a dû s'attendre aux injures et aux persécutions. N'avons-nous pas appris que la vérité qui s'annonce est toujours victime de l'er-

reur qui disparaît; que les fureurs impies
d'une réaction impuissante viennent se briser sur nos fronts calmes et courageux !
Nos regards fermes et assurés troubleront
peut-être quelques consciences. Loin de
nous la haine parce que nous sommes sym-
pathiques et bons, parce que nous sommes
tous enfants de Dieu; la menace, parce que
nous sommes les plus forts ! Armés de la
vérité, confiants en notre bon droit, certains que l'avenir est au socialisme, gar-
dons au cœur ces convictions ardentes qui
nous annoncent une République fondée sur
la justice, la vertu, l'égalité. N'oublions jamais que ceux qu'on appelle en politique
des ennemis sont des Français et des frères; les Royalistes fanatiques d'un homme,
d'un prince, d'un parti, égarés dans des
vieilles et fausses doctrines, viendront,
c'est notre plus douce espérance, travailler
dans nos rangs à la grandeur de la France,
à la prospérité de la République, à la civilisation du monde.

Daignez, Messieurs de la Réaction, recevoir de nous un dernier conseil : Ne por-
tez jamais, au nom du ciel, une main sacri-
lège sur le gouvernement du Peuple, car la
Constitution place elle-même les doigts des
gardes nationaux et des soldats sur la dé-
tente de leurs fusils pour la défendre au
péril de leur vie. Affreux malheur ! horrible

nécessité ! pour nous, surtout, hommes de paix et d'amour qui désirons arriver à la conquête des intelligences, à la vérité, au bonheur de tous, par la persuasion et non par la force.

Tels sont nos principes, tels sont nos sentiments. Et nous retournant une dernière fois vers les Réactionnaires, disons-leur à l'exemple du grand Mirabeau : « Royalistes, vos cris, vos injures, vos coups de bas en haut ne nous arrêteront pas..... Répondez si vous le pouvez, calomniez ensuite tant qu'il vous plaira !.... »

Les Rouges croient que l'harmonie qui règne entre les fonctions diverses de tous les êtres, dans le mécanisme de tous les mondes, doit exister également au sein des sociétés humaines :

Par la satisfaction de plus en plus grande des besoins physiques et moraux de tous les citoyens ;

Par l'éducation gratuite, l'instruction professionnelle, les réformes financières, les banques populaires, l'organisation nouvelle du crédit public et privé ;

Par la propriété ravie à l'impôt qui l'écrase, à l'enregistrement, à l'hypothèque, aux frais judiciaires qui la dévorent, soustraite à la routine et révolutionnée par la science ;

Par la destruction de notre organisation industrielle, aveugle et barbare qui condamne le producteur, l'ouvrier, à une misère fatale, à un prolétariat éternel;

Par l'abolition de l'antagonisme et de l'anarchie qui existent entre la production d'un côté, la circulation, la vente et la consommation de la richesse publique de l'autre;

Par la Liberté assise sur des bases inébranlables;

Par l'Egalité radicale des droits;

Par l'Egalité progressive des devoirs, des jouissances et des avantages sociaux;

Par la Fraternité de tous les peuples;

Par la paix du monde;

Par l'établissement enfin d'une République universelle.

Républicains, le progrès, loi divine de l'humanité, convie la France à une rénovation sociale. Tenons nos regards constamment attachés aux trois mots écrits sur le drapeau de la République, gravés sur les frontons de nos édifices publics : LIBERTÉ, EGALITÉ, FRATERNITÉ. Ces mots symboliques et sacrés contiennent en germe le Socialisme, l'avenir du monde.

www.ingramcontent.com/pod-product-compliance
Lightning Source LLC
Chambersburg PA
CBHW061243060726
47596CB00002B/414